Spirituelle Einweihungen

Claudine und Henri Czechorowski

Spirituelle Einweihungen

60 einfache und wirkungsvolle Übungen,
um Körper, Seele und Geist in Harmonie zu bringen.
Atem- und Meditationstechniken, Visualisierungsübungen,
Mudra-, Mantra-, Chakra- und Energiearbeit

WINDPFERD
Verlagsgesellschaft mbH.

Titel der französischen Originalausgabe *Les Thérapies Initiatiques,*

Übertragen aus dem Französischen von Dr. Peter Schmidt
Lektorat: Sylvia Luetjohann-Kremer

1. Auflage 1991
2. Auflage 1994

Umschlaggestaltung: Wolfgang Jünemann unter Verwendung
eines Gemäldes von Johannes Frischknecht
Illustrationen im Innenteil: Koshen
Gesamtherstellung: Schneelöwe, D-87648 Aitrang
ISBN 3-89385-081-3

Printed in Germany

Inhaltsverzeichnis

Vorwort von Michel Random

Therapien für einen glücklichen Menschen

Meditieren, wie ein Baum meditiert,
Sehen, wie die Sonne auf uns scheint,
Hören, wie das Schweigen hört,
Lieben wie eine wunderschöne Morgendämmerung ...

Dieses Buch von Henri und Claudine Czechorowski ist eine Einladung, ein praktischer Führer, zugleich auch eine poetische und kosmische Hinführung zur Vollkommenheit des eigenen Seins.

Die Autoren führen uns auf eine "Reise" zu unserer eigenen Mitte, zur Quelle des Lichts, aus der alle Energie und alles Wissen strömt. Hier liegt der wirksame und so alltägliche Schlüssel zum Glück. Dieser Schlüssel gehört zu einem jahrtausendealten Wissen. Die Autoren haben es in Indien und in Nepal, aber auch in Europa und in den USA dank unzähliger Gruppenerfahrungen wiederentdeckt. Sie haben gewissermaßen die Praxis des Unaussprechlichen erfahren, die aus jedem Wesen einen Verbündeten von Himmel und Erde macht, ein vollkommenes Wesen.

Es gibt viele Wege. Sie tauchen heute unter den verschiedensten Namen und Formen auf. Unsere Autoren haben in diesem Buch zahlreiche Meditationsmethoden, Körperübungen und Visualisationstechniken zusammengetragen, die manchmal etwas exotisch erscheinen mögen, die für uns aber ein Hilfsmittel sind, bis wir aus eigener Erfahrung verstehen.

Dieses Buch schenkt dir Gesundheit, Dynamik und gute Laune. Es zeigt dir, wie du dein Wesen mit allem verbinden kannst, was dich an Formen, Farben und Tönen umgibt. »Nimm die eine oder die andere Körperhaltung ein, habe den Mut dazu, und du wirst sehen, irgendetwas in deinem Leben wird sich ändern.«... Natürlich bist du dadurch weder ein Mystiker noch ein Weiser, noch ein Eingeweihter! Du bist einfach eine wunderbare Konzentration von menschlicher Energie, benutzt aber nur ein Tausendstel deiner natürlichen und kosmischen Kräfte. Dies muß sich ändern: Du kannst mehr erreichen , denn der ferne Horizont, ist in der Tat ganz nah. Schon dein Wille zur Veränderung ist bereits eine Veränderung. Der erste Schritt verstehen zu wollen, bedeutet bereits Verstehen. Du hast die Wahl, das zu nehmen, was dir gefällt. Denn, wie schreiben doch die Autoren selbst: "Was letztlich zählt, ist nur das Glück!" Lerne mit dir selbst glücklich zu sein, und du wirst auch andere glücklich machen ...

Alle in diesem Buch beschriebenen Techniken beruhen ausschließlich auf den persönlichen Erfahrungen der Autoren, die sie in verschiedenen Ausbildungszentren, Therapie- und Selbsthilfegruppen gemacht haben.

Dieses Buch bietet die Möglichkeit, gewisse innere Realitäten eines Seins zu erfahren, erhebt aber keineswegs den Anspruch, Erfahrungen mit einem Meister, einer Gruppe oder einem Therapeuten zu ersetzen.

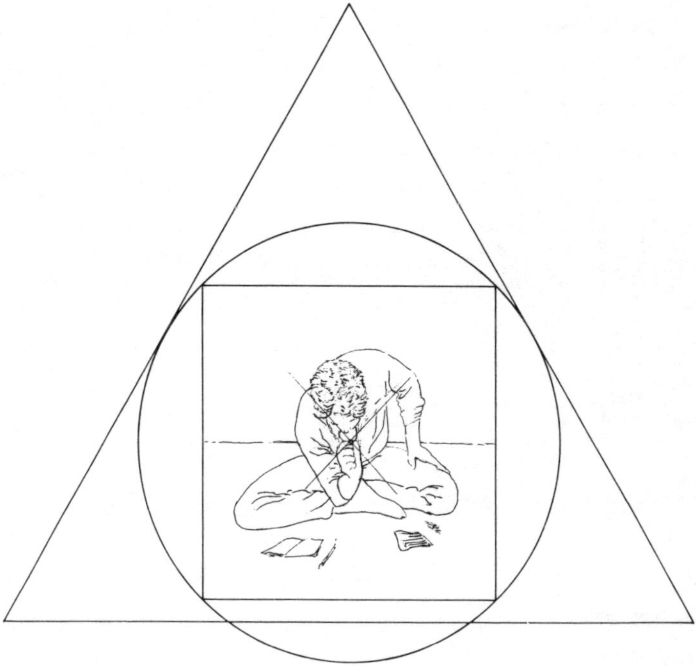

Einführung

Unter dem Titel " Spirituelle Einweihungen " werden in diesem Buch etwa sechzig verschiedene Techniken beschrieben. Diesen Titel könnte man auch folgendermaßen umschreiben:»Ein Weg zu den Tiefen des Seins mittels sogenannter "Heil-Methoden".«

Diese Techniken sind für eine ganz besondere Art von "Kranken" bestimmt: körperlich und psychisch sind sie gesund, arbeiten innerhalb eines bestimmten sozialen Umfeldes und sind auch durchaus in der Lage, auf sich selbst zu achten; sie werden von ihrer Umwelt geliebt und geschätzt. Ihre "Krankheit" äußert sich vornehmlich in einer Unzufriedenheit, die sie auf Beziehungsschwierigkeiten mit einer nahestehenden Person oder mit der Gesellschaft im allgemeinen zurückführen. Ein solcher Mensch spürt in sich eine Kraft, die ihn aus den engen Schranken seiner Begrenzungen herausführen könnte, aber er leidet unter seiner Unfähigkeit, diese Kraft aus sich selbst zu schöpfen und sie an die Oberfläche treten zu lassen, um so als ein vollkommenes Wesen zu leben.

Er hat alles, kann alles, aber er ist nicht das, was er sein möchte. Sein Verhalten ist durchaus "normal", nur ist er sich bewußt, daß sein Leben von äußeren Einflüssen abhängt: von der Erziehung, der Gesellschaft, der Religion, kurz, von einer gewissen Moral. Er spürt, daß er von außen geformt wird und hat nun den Wunsch, sein reines Wesen wiederzufinden. Seine Wahrnehmung ist "normal", aber er spürt, daß es eine andere, weniger materielle, weniger logische, weniger analytische, weniger rationale Art gibt, die Dinge zu erfassen.

Um dieses Unbehagen zum Ausdruck zu bringen, bieten sich ihm eine ganze Menge von Techniken an. Es gibt heute bereits eine große Anzahl von Zentren zur Persönlichkeitsentwicklung, die mit diesen initiatischen Techniken arbeiten. Diese Methoden stellen den Versuch dar, die wissenschaftlichen Grundlagen für ein Verständnis der

Persönlichkeit und der persönlichen Entwicklungsstadien des Menschen zu erarbeiten. Durch regelmäßige Arbeit und eine frei gewählte Disziplin erlauben sie uns, unserer Konditionierungen bewußt zu werden, was den ersten Schritt zur Änderung unserer unbewußten Verhaltensweise bedeutet. Diese Selbstbeobachtung führt zu einer Bewußtseinserweiterung, die uns den Zugang zu neuen Innenräumen öffnet. Die Schaffung eines solchen Raumes, einer solchen Leere, ist die notwendige Voraussetzung, damit ein ganz neues Element in unserem Bewußtsein für eine radikale Umwandlung sorgt. Dieses ist nichts anderes als die Erfahrung der Transzendenz, die notwendige Basis einer bewußten Evolution und der Entfaltung unseres wahren Ichs. In der Tat ist diese Erfahrung der einzige wahre Maßstab bei dieser Arbeit.

Die Autoren empfehlen allen, die bisher noch nichts in dieser Richtung getan haben, die verschiedenen Techniken in der hier vorgestellten Reihenfolge zu erproben, keinen der hier beschriebenen Schritte zu überspringen, sich dabei dem Unbekannten zu öffnen und die alten Verhaltensparadigmen loszulassen, sobald dieses neue Erleben auch eine neue Seinsweise zur Folge hat. Was neu ist, muß zunächst im Alltag praktiziert werden: Hüten wir uns vor den Fallen unseres negativen und geschwätzigen Verstandes, der jede Information auf seine Art aufnimmt und dann alles verurteilt, was seiner Macht etwas anhaben könnte.

Respektieren wir dagegen den natürlichen Schwung und die Kraft der gelebten Erfahrung, dann können wir aktiv werden und schließlich ein objektives Ergebnis unseres Handelns feststellen.

Natürlich ist die Entdeckung des eigenen Körpers und der eigenen Gefühlswelt nicht ohne Überraschungen für denjenigen, der den Mut zu einem solchen Weg hat. Wir müssen dem Unbekannten gegenüber die richtige Haltung annehmen; deswegen unterstreichen die Autoren immer wieder, daß wir die Dinge, die auf uns zukommen, einfach akzeptieren sollen, auch wenn dies manchmal nicht leicht ist. Dadurch können wir jedoch dem anfänglichen Widerstand des Körpers und der negativen Reaktion des Verstandes gegenüber diese unerwarteten Erfahrungen überwinden. Verachtung und Spott sind keine Antwort auf die manchmal schmerzlichen Entdeckungen dieses Weges.

Die Verfasser öffnen somit den Zugang zu einer Erfahrung, die eventuell den Wunsch nach Vertiefung einer bestimmten Technik mit sich bringt, die dann, je nach Persönlichkeit, erstaunliche Wirkungen zeigen kann. Aber sie unterstreichen immer wieder, daß nur eine mit Ausdauer angewandte Technik spürbare Erfolge zeigen wird.

Wache aus eigener Kraft auf, beobachte dich und lebe in Freude. Du bist der Meister, du bist die Zuflucht.

Lerne dich an die Zügel zu nehmen, als würdest du dein bestes Pferd dressieren.

Voll von Freude, Frieden und Innerer Sicherheit näherst du dich dem glücklichen Gefilde, dem Unendlichen, dem Hier und Jetzt, deinem eigenen Ich.

Der erste Schritt

Vor vielen, vielen Jahren war die Trockenheit in einem Landstrich so groß, daß die Bevölkerung beschloß, einen Weisen um Hilfe zu bitten.

Dieser war einverstanden unter der Bedingung, daß man ihm eine kleine, abseits gelegene Hütte zur Verfügung stelle, wohin er sich drei Tage lang zurückziehen könne; er wolle dort überlegen, was wohl in einem solchen Fall zu machen sei.

Er wünschte weder zu essen noch zu trinken.

Am dritten Tag ging ein wolkenbruchartiger Regen nieder. Dankbar fragten die Männer und Frauen den Weisen:

- Wie hast du ein solches Wunder vollbringen können?

Und der Weise antwortete:

- Ich habe lediglich ein bißchen Ordnung in meinem Inneren geschaffen; denn wenn ich in Ordnung bin, ist auch die Welt in Ordnung!

Das Geheimnis

Wenn wir viel darüber reden, was wir schon getan haben oder noch tun wollen, wird die hierfür notwendige Energie wirkungslos vertan.
Dieses Geheimnis hat einen positiven Effekt, denn damit bewahren wir uns die zum Handeln notwendige Energie. Mit diesem Geheimnis verstärkst du die Wirkung bestimmter Techniken, die du aus diesem Buch für dich auswählst.

Richte dir einen Meditationsraum ein

Falls du in deinem Haus oder deiner Wohnung genügend Platz hast, schaffe dir eine kleine Ecke für deine Meditation.

Es ist wichtig, daß du sie allein benutzt, damit sie sich nur mit deiner Energie auflädt. Tue an dieser Stelle auch nichts anderes, denn jede Aktivität hat ihre Eigenschwingung. Dieser kleine Tempel wird sich nach und nach mit einer besonderen Atmosphäre aufladen, die dir das Eindringen in die Tiefen der Meditation erleichtern wird.

Ziehe dich, wenn möglich, immer zur gleichen Zeit hierher zurück. Körper und Geist werden nach einer Weile danach verlangen, sich in diesen Meditationsraum zurückzuziehen, ebenso wie sie auch danach verlangen, daß du zu einer bestimmten Zeit die Mahlzeiten einnimmst. Dieses Mittel ist gerade am Anfang sehr nützlich, da es eine gewisse Disziplin erleichtert, die wegfallen kann, sobald dieser Zustand ganz natürlich geworden ist.

Richte in deinem Winkel einen kleinen Altar her, breite ein schönes Tuch darüber und stelle eine Kerze darauf. Besorge dir eine Uhr mit einem angenehmen Weckton, eine Gebetsschnur mit neun Perlen, eine Pflanze und einige Dinge, die dir besonders lieb sind.

Nimm ein Kissen, ein Bänkchen oder einen Teppich, um dich darauf zu setzen. Achte darauf, daß dieser Ort immer sehr rein und klar ist, denn er gehört nur dir und ist ein Spiegel deines Bewußtseins.

Die Kleidung, die du bei deiner Meditation trägst, sollte bequem und angenehm für dich sein.

Die verschiedenen Körperhaltungen

Wähle unter den hier beschriebenen Körperhaltungen diejenige aus, die dir am meisten zusagt. Meditieren verlangt nämlich keineswegs von dir, dich körperlichen Leiden auszusetzen. Am günstigsten ist eine Haltung, bei der du etwa zwanzig Minuten lang unbeweglich und schmerzfrei sitzen kannst. Wichtig bei all diesen Körperhaltungen sind lediglich ein gerader Rücken und entspannte Schultern.

Du sitzt auf einem Stuhl

Die Beine bilden einen rechten Winkel, der Rücken ist gerade und berührt nicht die Stuhllehne. Die Schultern sind locker und entspannt.

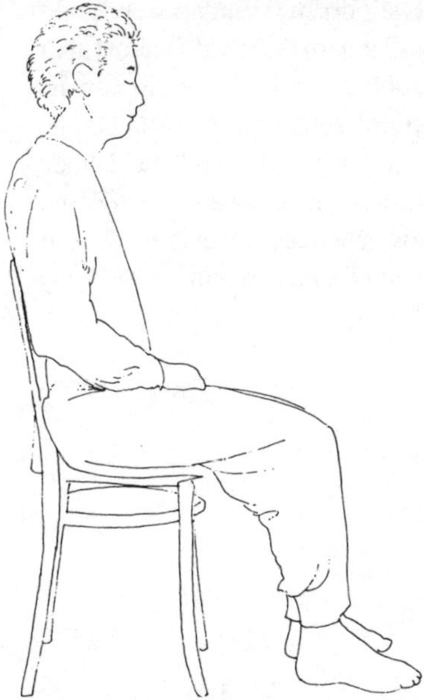

Du sitzt mit dem Rücken gegen eine Wand

Der Rücken ist gerade und gegen eine Wand gelehnt. Der Kopf darf die Wand nicht berühren. Die Schultern sind entspannt, die Beine ausgestreckt, und die Hände ruhen auf den Oberschenkeln.

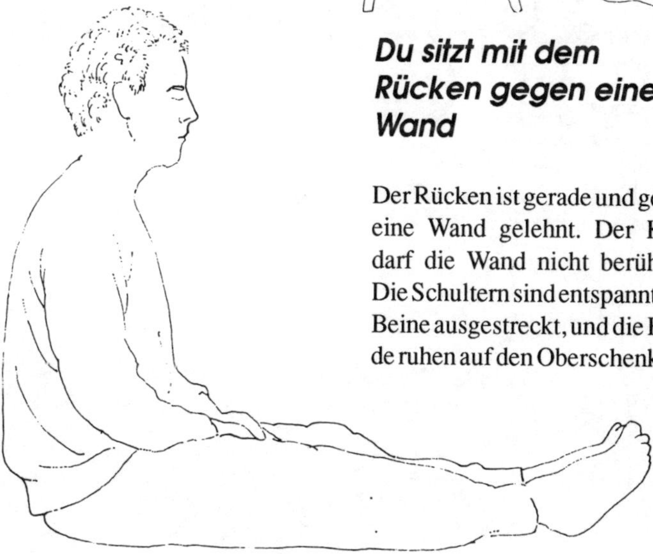

Die Fersen befinden sich direkt unter dem Gesäß, du kannst aber auch einige Kissen zwischen die Beine schieben. Der Rücken ist wieder gerade, und die Hände ruhen entweder auf den Kissen zwischen den Schenkeln oder auf den Oberschenkeln.

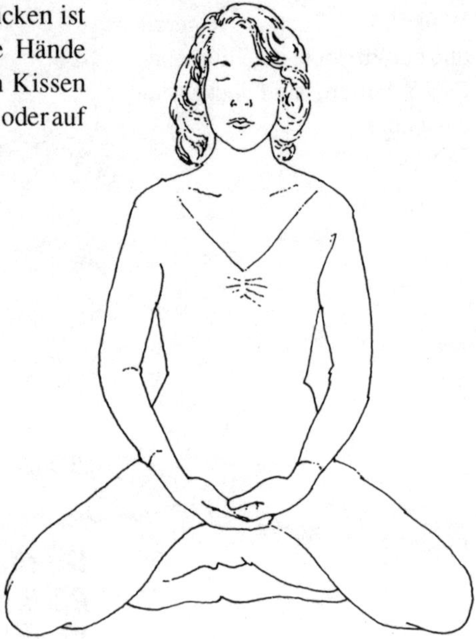

Du sitzt im Halblotussitz

Der Rücken ist gerade und entspannt, die Hände ruhen auf den Knien oder an der Stelle, wo sich die Fersen kreuzen.

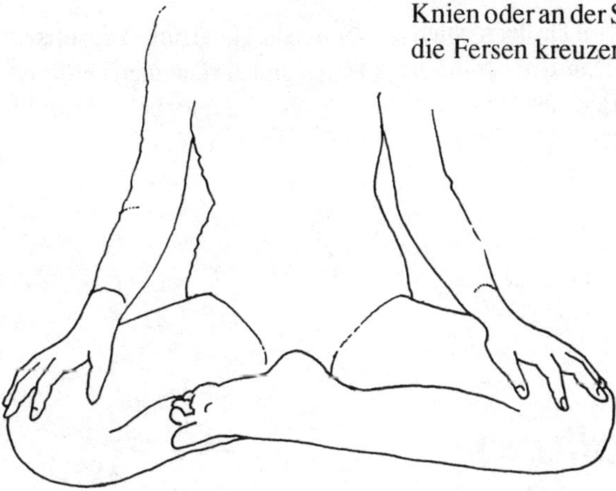

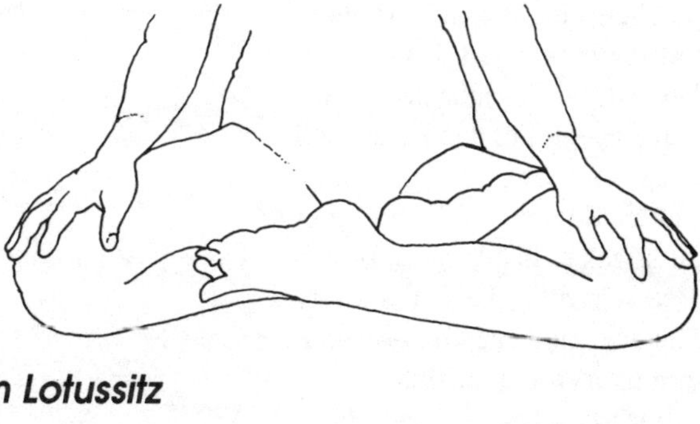

Du sitzt im Lotussitz

Der Rücken ist gerade, und die Schultern sind entspannt.

Haltung der Hände

Zen-Haltung

Die linke Hand ruht in der rechten Hand, und die Daumen berühren sich. Der Energiefluß dreht sich von rechts nach links (Yang).

Tao-Haltung

Die rechte Hand ruht in der linken Hand, und die Daumen berühren sich. Die Energie fließt von links nach rechts (Yin).

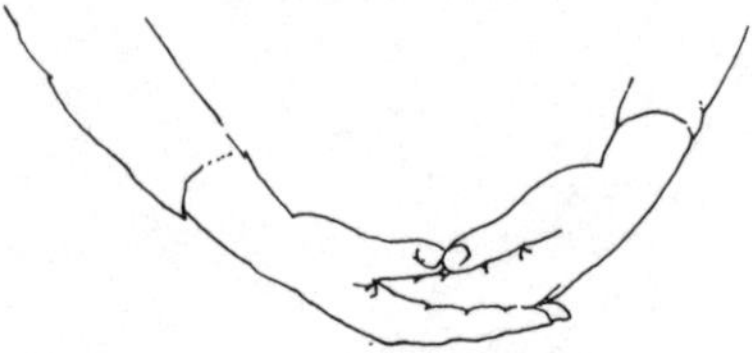

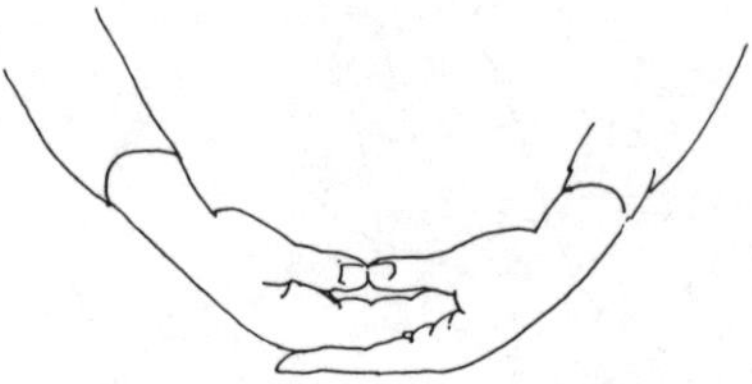

Eine Haltung die den Körper entspannt

Wenn du eine Weile unbeweglich eine sitzende Haltung eingenommen hast, laß dir Zeit, bevor du wieder aufstehst: Stütze beide Hände auf den Boden und beuge dich langsam nach vorne, indem du deinen Oberkörper ausstreckst, bis deine Stirn den Boden berührt. Bleibe in dieser Haltung, bis deine Muskeln vollkommen entspannt sind.

Entflechte langsam deine Beine und bewege sie einige Augenblicke, um den Blutkreislauf wieder in Fluß zu bringen.

1

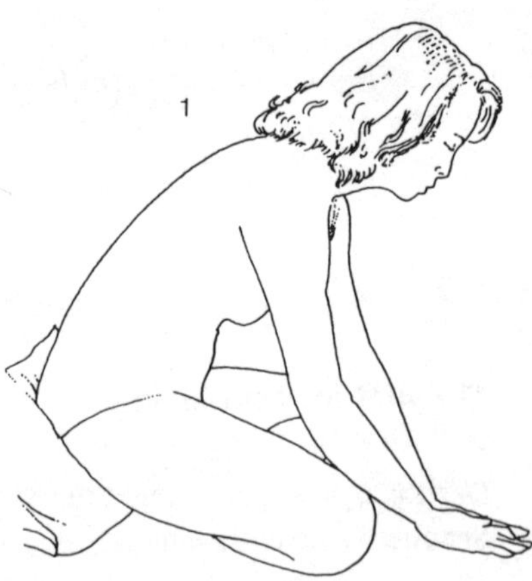

2

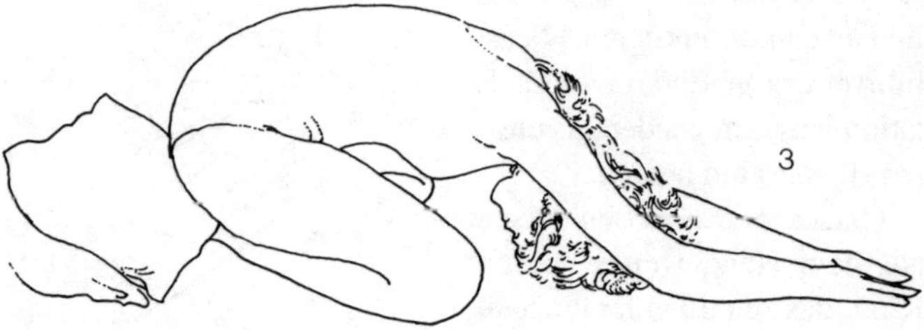

3

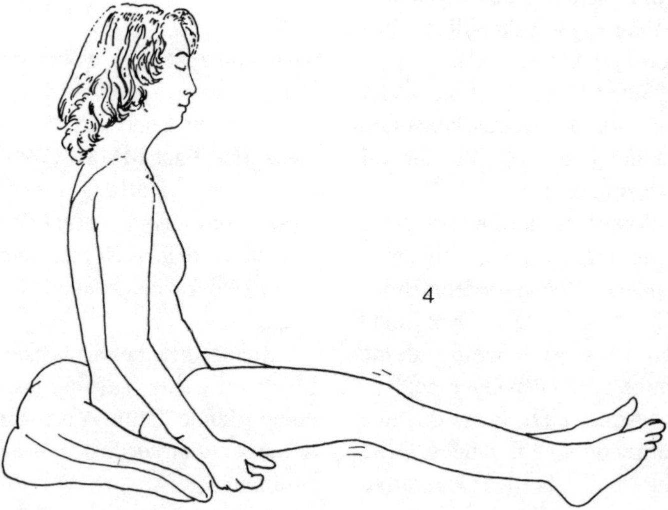

4

Der OM-Gruß

Fast alle in diesem Buch beschriebenen Meditationen beginnen und enden mit einem OM-Gruß, d. h. einem Gruß an unser inneres Selbst. Zu Beginn einer Meditation können wir uns damit ganz bewußt von der Außenwelt abschneiden und uns nur auf unsere Innenwelt konzentrieren. Ebenso führt er uns am Ende einer Meditation langsam wieder aus unserem Innenraum heraus.

Konzentriere dein Bewußtsein auf dein Herz, werde wie ein Kind, das seine Fehler einsieht, sich aber dadurch nicht von seinem Lebensweg abbringen läßt. Sei ehrlich mit dir selbst, ohne jedoch zu ernst zu sein.

- Setze dich in den Lotus- oder Halblotussitz. Deine Hände sind gefaltet und ruhen vor dir auf dem Boden.

- Atme langsam durch die Nase ein und führe gleichzeitig deine gefalteten Hände vor deine Brust. Bilde dann ein O mit dem Mund und rolle gleichzeitig deine Zunge gegen den Gaumen.

- Atme jetzt langsam aus, während du ein langes OOO singst und dabei den Oberkörper nach vorne beugst, wobei der Rücken stets gerade bleibt. Singe dann, gegen Ende des Ausatmens, den Laut MMM. (Wenn dieser Laut richtig gesungen wird, vernimmst du neben dem Hauptton in deinem Körper einen Oberton, der eine Oktave höher liegt.)

- Richte dich beim nächsten Einatmen wieder auf und lasse deine Hände beim Ausatmen wieder langsam vor dir den Boden berühren.

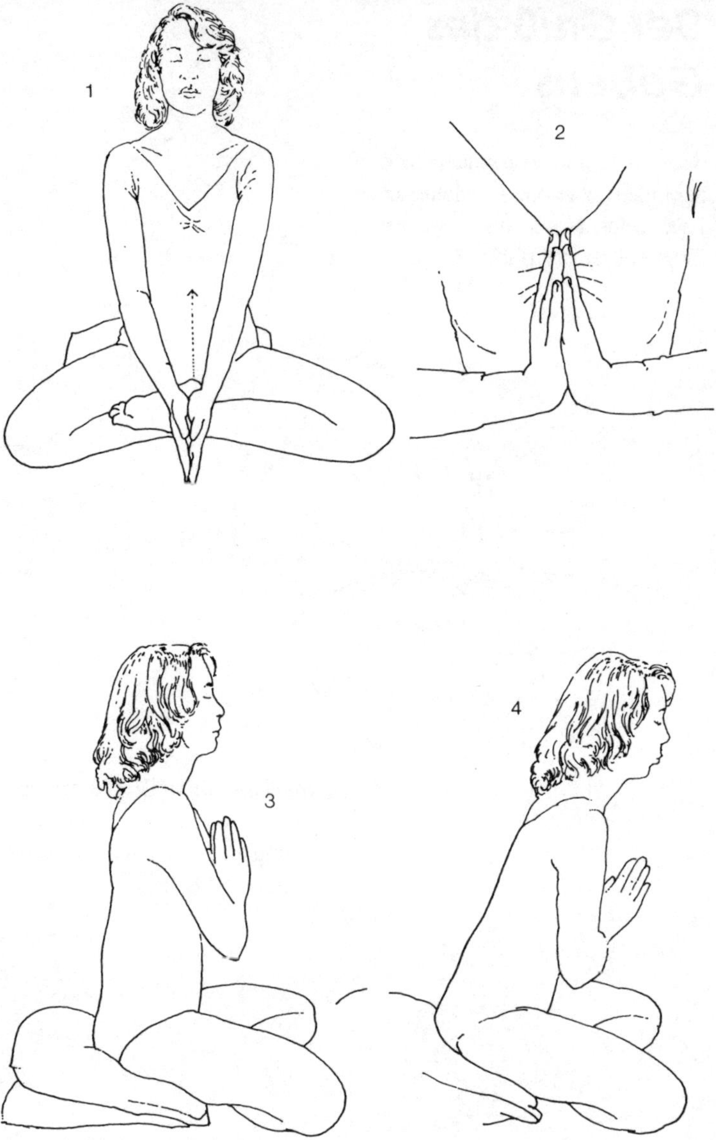
1
2
3
4

Der Gruß des Gebens

Setze dich, mit entspanntem Körper, in den Lotus- oder Halblotussitz. Falte deine Hände und lasse die Fingerspitzen den Boden berühren.

1

2

Atme langsam und tief ein, während du in einer bewußten Bewegung deine Hände bis über den Scheitel hebst.

Beim Ausatmen neigt sich dein Oberkörper nach vorne, der Rücken bleibt gerade, und du sagst im Inneren: Ich übergebe mich
ganz Deinem Willen.
Kreuze gegen Ende des Aus-atmens deine Hände vor deiner Stirn. Die linke Hand ruht auf dem Boden, und die rechte Hand liegt in der linken.

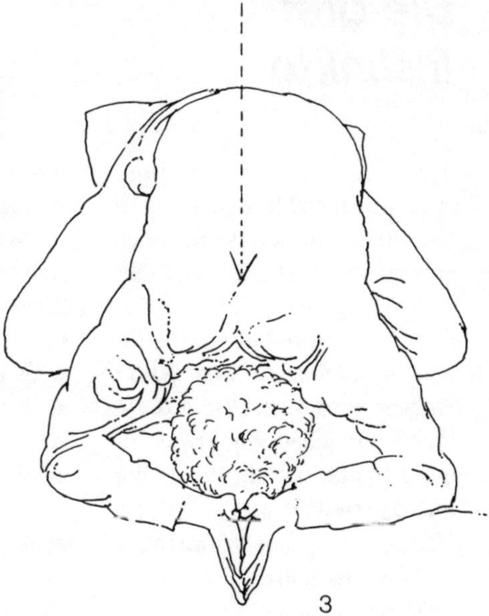

3

4

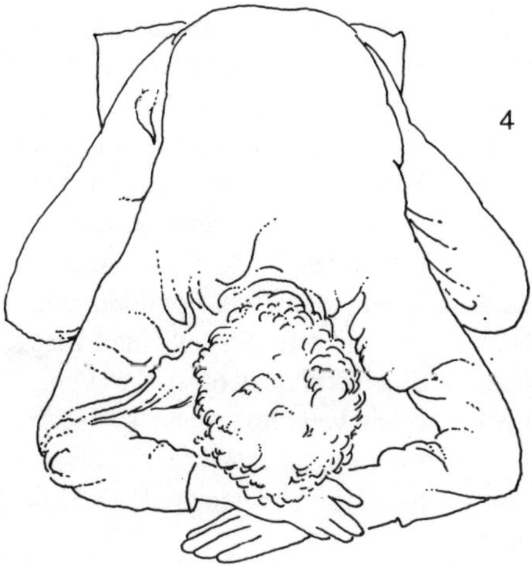

Bleibe eine kleine Weile in dieser Haltung, richte dich dann wieder langsam auf. Wiederhole diese Übung zwölfmal, schließe dann deine Augen und öffne dich allem, was du innerlich spürst.
Dieser Gruß richtet sich an die in uns verborgene Kraft.

Die drei Instinkte

Eine kraftvolle Verbindung zwischen allen Menschen ist ihre Evolution. Sie kann unendlich verschieden verlaufen, doch ihr Ziel ist für jeden gleich. Der Evolutionsprozeß ist eine natürliche Entwicklung und gehört einfach zum Menschsein dazu. Wenn wir jeden Tag etwas für diese Evolution tun, fühlen wir uns zufrieden und wohl, in Harmonie mit der Wirklichkeit und mit uns selbst.

Man kann diese Evolution mit der Entwicklung eines Samenkorns vergleichen. Man legt es in die Erde, es keimt, ein Schößling treibt aus der Erde, dann kommen auch schon die Blätter zum Vorschein. Nach und nach festigt sich diese neue Pflanze, sie wird größer und größer, Stamm und Äste bilden sich.

Schließlich bildet sich eine Blüte, die sich öffnet, um dann bald wieder zu sterben und einen Duft zurückzulassen, der im All verfliegt.

Viele Gefahren lauern auf diesem Entwicklungsweg: mal scheint die Sonne zu stark, die Winde sind zu stürmisch, es fehlt an Wasser, an ausreichender Nahrung, an der notwendigen Pflege. Jedes Samenkorn hat also seine eigenen Wachstumsschwierigkeiten und ist doch, auch wenn es zur gleichen Pflanzenfamilie gehört, einmalig und unvergleichbar.

Der Mensch lebt von der Natur getrennt, auch wenn er eng mit ihr verbunden ist. Er ist das einzige Tier, das die Fähigkeit hat, sich selbst zu beobachten. Sein Bewußtsein ist ein Spiegel, und er hat die Aufgabe, dieses Bewußtsein vom ersten Tag seiner Geburt an bis zum letzten zu entwickeln. Das menschliche Wesen ist also Bewußtsein. Es erfaßt die Welt mittels seiner drei Grundtriebe: dem physiologischen, dem emotionellen und dem mentalen Instinkt. Sind diese drei Instinkte in einem harmonischen Verhältnis, dann hat dieser Mensch seine Mitte gefunden. Sein Herz ist offen, und sein Verstand ist klar.

Der erste dieser Instikte entspricht dem Selbsterhaltungstrieb. Er ist eng verbunden mit der Mutter, die nährt, wärmt und pflegt, die ein Gefühl von Liebe und Sicherheit gibt. Sein Sitz ist in der Bauchgegend, und er antwortet auf die Frage: Was brauche ich?

Hat die Mutter ihre Rolle richtig erfüllt, dann kann der erwachsene Mensch diesen Trieb auch richtig einsetzen, um auf die Erfordernisse seines Körpers einzugehen, weil er weiß, woraus sein Körper zusammengesetzt ist und was er zum Überleben braucht.

Der zweite Instinkt ist der Beziehungstrieb. Er steht in enger Verbindung mit der Rolle des Vaters, der dem Kind zeigt, wie es mit der Welt Kontakt aufnehmen kann. Sein Sitz ist die Gegend um das Herz und das Sonnengeflecht. Er antwortet auf die Frage: Was braucht der andere? Wenn das Kind die Antwort auf diese Frage kennt, kann der Erwachsene dann später eine Beziehung zu anderen herstellen.

Hat der Vater seine Aufgabe richtig erfüllt und seine Sichtweise der Welt mit dem Kind geteilt, indem er es die sozialen Verhaltensweisen und gesellschaftlichen Spielregeln lehrte, dann wird sich auch der Erwachsene in dem Gesellschaftsspiel wohl fühlen.

Der dritte Instinkt ist der syntone Trieb, d.h. die richtige Einstimmung. Sein Sitz ist im Gehirn, und er antwortet auf die Frage: Was geschieht um mich herum? Wurde der syntonische Erwachsene als Kind bei seinen ersten Schritten in die Welt von seinen Eltern richtig unterstützt, dann wird sein Verhalten durchaus natürlich sein.

Zum Evolutionsprozeß gehört also die persönliche Arbeit, diese drei Triebe miteinander in Harmonie zu bringen. Sollte dies nicht gelingen und einer der drei Instinkte schwächer entwickelt sein als die anderen, bringt dies folgende psychologische Auswirkungen mit sich:

Mangelnder Selbsterhaltungsinstinkt

1) Man hat das Gefühl, nicht zu existieren.

2) Man weiß nicht, wer man ist.

3) Man hat Angst, nicht für sich selbst sorgen zu können.

Mangelnder Beziehungsinstinkt

1) Man weiß nicht, was der andere braucht und ist deswegen verängstigt.

2) Man hat ein Gefühl von Vereinsamung und von Unvermögen, mit der Umwelt Kontakt aufzunehmen.

3) Aufgrund der eigenen Unfähigkeit, echte Freunde zu finden, hat man den Eindruck, ein armseliges Leben zu fristen.

Mangelnder Syntonieinstinkt

1) Man versteht nicht, was um einen herum geschieht.

2) Man fühlt sich stets als Außenseiter.

3) Weder die eigenen Handlungen noch die der anderen haben einen Wert.

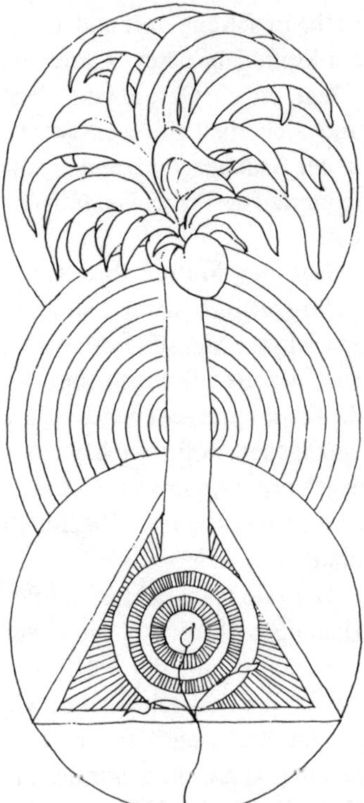

Solltest du beim Lesen dieser Beschreibung feststellen, daß einer der drei Triebe bei dir nur unzureichend ausgebildet ist, so findest du weiter hinten in diesem Buch die notwendigen Techniken, um diese Tendenz mit speziellen Übungen auszugleichen.

1
Atmen

"Am Anfang war der Atem und gleichzeitig auch das Wort." Das Phänomen des Atmens wird in diesem Kapitel als eine notwendige Grundvoraussetzung für die Meditation beschrieben.

Durch das Atmen haben wir Zugang zu unseren Erinnerungen und zu jener Urschwingung, die jeder Schöpfung innewohnt. Alle Lebewesen haben einen tiefschwingenden Rhythmus, die Erde und das All machen dabei keine Ausnahme. Mit Hilfe der in diesem Kapitel beschriebenen Techniken können wir unsere eigene Schwingung und unseren innersten Biorhythmus erfahren und selbst mit anderen Rhythmen und der universellen Schwingung in Gleichklang bringen. Seit jeher haben unsere Zellen diese Elemente in ihrem Gedächtnis gespeichert, doch ein weiter Weg trennt uns vom Zugang zu dieser Schwingung. Sie kommt nicht auf uns zu, sondern wartet darauf, daß wir mit ihr eins werden wollen. Sie gleicht der stetigen Bewegung der Welle, die auf den Strand rollt, um sich sofort wieder zurückzuziehen. Das Atmen ist wie die Bewegung dieser Welle; gleichzeitig mit der Luft, die in unseren Körper strömt, strömt auch das Leben in uns. Der Atem nährt und reinigt uns, er ruft durch sein stetiges Kommen und Gehen ein Gefühl von Sicherheit und Zugehörigkeit zur Existenz hervor.

Die verschiedenen Sensibilisierungsübungen haben den Zweck, uns diese unterschiedlichen Rhythmen erleben zu lassen. Die schnellen Atemtechniken sind ein Mittel, das chaotische Feld des Unterbewußtseins zu durchqueren. Sie reinigen uns, bevor wir zu den langsamen, entspannenden Atemrhythmen übergehen, die uns den Zugang zu subtileren Erfahrungen öffnen.

Die Rhythmen sind in den drei großen Energiezentren des Körpers angesiedelt, d.h. im oberen und im mittleren Teil des Brustkorbs sowie im Bauchbereich. Atmen wir nun in genau einem dieser Punkte, machen wir mehrere Erfahrungen: Wir können unserem eigenen Energiefluß begegnen und dabei erkunden, welches unserer Energiezentren wir am meisten benutzen. Je nach Übung atmen wir durch den Mund oder die Nase.

Die Atmung durch den Mund aktiviert den Blutkreislauf und die Sättigung der Organe mit Sauerstoff. Dadurch äußern sich verschiedene physische Erscheinungen, für die unsere Blockaden verantwortlich sind.

Die Atmung durch die Nase stärkt das Nervensystem. Aufgrund ihrer etwas feineren Technik erleichtert sie die Introspektion und die Selbstkontrolle.

Wenn wir mittels dieser Atemtechniken unsere Blockaden ans Licht bringen, ihre Ursachen erkennen und verstehen und mit Hilfe der angebotenen Übungen daran arbeiten, haben wir ein Mittel gefunden, diese drei Energiezentren in den Griff zu bekommen und sie den Umständen gemäß einzusetzen. Anstatt rein gefühlsmäßig auf äußere Situationen zu "reagieren", können wir jetzt bewußt darauf "antworten", indem wir unseren Atemrhythmus diesen Situationen anpassen. Anstatt uns wie ein Opfer oder ein Angreifer zu verhalten, sind wir nun eher ein Beobachter unserer eigenen Reaktionen und ein Zeuge unserer Emotionen in Situationen wie Streß, Konfrontation, Depression oder Spannungsabfall.

Von dieser neutralen und wertfreien Beurteilung ausgehend, können wir nun die verschiedenen Energiequalitäten unseres Atems benutzen, um uns mit den äußeren Lebensbedingungen in Einklang zu bringen oder uns bewußt davon abzugrenzen. Dann brauchen wir uns nicht mit Gefühlen identifizieren, die nichts mit uns zu tun haben.

Diese, am Anfang manchmal unangenehme Arbeit, reinigt unser Gefühlsumfeld und führt zu einer verfeinerten Wahrnehmung von Energien, die in und um uns fließen. Wir können nun Dinge besser spüren, neue Erfahrungen machen, in Einklang (Syntonie) schwingen mit Wesen, die wir lieben, und so unsere Beziehungen verbessern.

Ein- und Ausatmen

Einatmen verlangt eine Anstrengung. Wir bestätigen damit unseren Lebenswillen. Dieser Wille muß sich beim Ausatmen in Loslassen verwandeln – eine Fähigkeit, die schwieriger zu erlangen ist als der Lebenswille, der instinktiv in uns vorhanden ist. Unsere Erziehung hat uns dazu gebracht, möglichst viel selbst auszuführen, was zur Folge hat, daß die Welt des aktiven Handelns in uns lebendig ist, während der Begriff des Verlassens und Hingebens dabei oft in Vergessenheit gerät.

Ausatmen verlangt eine andere Art von Anstrengung, nämlich sich zu öffnen, sich innerlich auszuweiten, nicht zu handeln. Bei einem guten Einatmen geschieht das Ausatmen ganz von selbst, wobei es von Toxinen und auch von Gefühlsschlacken reinigt.
Das Ausatmen führt uns in einen uns unbekannten Raum voller Unsicherheit. In der Tat sind wir beim Einatmen im Bereich des Tuns und in der Sicherheit des Vertrauten. Mit dem Ausatmen gleiten wir dagegen in die Unsicherheit des Unbekannten, der Leere, und unser Unbewußtes teilt dieses Unsicherheitsgefühl mit uns. Deswegen müssen wir über diese Grenze hinausgehen, damit wir diesem Neuen und Unbekannten begegnen, das nie im Bereich des Bekannten liegen kann. Nur im Unbekannten, nämlich im Ausatmen, finden wir die Antworten auf unsere Fragen.

Denn nur da sind wir nicht mehr auf ein konkretes Ziel ausgerichtet, sind aufnahmebereit und öffnen uns dem Unbekannten. Wir werden also sozusagen von außen "beatmet" und mit dem Leben verbunden.

Ein vollkommenes Wesen kennt und benutzt diese beiden Kräfte des Handelns (Einatmen) und des Loslassens (Ausatmen). Es kann so mit allen Situationen zurechtkommen, seine eigenen Wünsche verspüren und, falls notwendig, in seine eigenen unbekannten Tiefen vordringen.

Damit diese Freiheit erreicht werden kann, ist paradoxerweise eine gewisse Anstrengung notwendig, um die Fähigkeit zu erlangen, zu einem bestimmten Zeitpunkt diese Anstrengung wieder aufgeben zu können.

In der Überwindung dieser Anstrengung und der Nicht-Anstrengung liegt der interessanteste Bereich, nämlich der tote Punkt. Er liegt genau da, wo das Einatmen aufhört und zum Ausatmen wird, und wo das Ausatmen endet und zum Einatmen wird. Er entspricht dem Augenblick, wo wir aus dem Spiel von Leben und Tod aussteigen, und wo der Geist in seiner Bewegung innehält. Jeder Begriff von Anstrengung löst sich auf, und das Atmen geschieht von selbst. In diesem (unbekannten) Raum kann das Bewußtsein aus der Welt der Manifestation heraustreten in die vertikale Welt, in die Dimension des Nicht-Manifestierten. Zunächst tauchen Bilder der horizontalen Welt auf (die Welt der sich ergänzenden Gegensätze), die dann den Bildern aus dem Unterbewußtsein weichen. Schließlich kann das freie Bewußtsein durch das universelle Gedächtnis, das Gedächtnis des Menschen, schwingen.

Natürliche Bauchatmung

Bei einer natürlichen Bauchatmung ist unsere Energie in Verbindung mit dem Kosmos, und wir ruhen in unserer Mitte. Diese Atmung stellt eine Beziehung her zwischen der physischen und der psychischen Ebene des Menschen. Es ist deshalb sehr wichtig, dieses Bauchatmen wieder zu erlernen, falls wir es nicht schon ganz natürlich tun.

- Setze dich bequem hin, dein Rücken ist gerade, Bauch und Schultern sind entspannt, und das Kinn ist leicht eingezogen. Lege, nach einem OM-Gruß, den Rücken der linken Hand auf die Oberschenkel, während die rechte Hand in der linken ruht.

- Atme ganz normal drei Minuten lang und konzentriere dich dabei auf das Gefühl von Kälte, das du beim Einatmen der Luft in der Nase

verspürst, und auf den Eindruck von Wärme beim Ausatmen.
-Atme dann nochmals drei Minuten lang und stelle dir dabei vor, daß deine Lungen beim Einatmen riesig groß werden und beim Ausatmen ganz winzig klein.
- Atme nun wiederum drei Minuten lang und fülle dabei ganz bewußt deine Lungen mit Sauerstoff, indem du zunächst den oberen, dann den mittleren Lungenteil und schließlich den Bauch füllst. Diese Übung soll uns bewußt machen, daß wir meistens nur in der oberen Lungenhälfte atmen.
- Lege nun die linke Hand auf den Bauch und kehre den Atemprozeß um. Beim Einatmen spürt die Hand, wie sich der Bauch mit Luft füllt; beim weiteren Einatmen füllt sich dann die Mitte des Brustkorbes, und anschließend der obere Teil der Lungen.
Leere nun zunächst beim Ausatmen den oberen Teil der Brust, dann die Mitte und schließlich den Bauch, indem du mit der Hand diese Bewegung durch Pressen unterstützt. Sobald du spürst, daß dein Rhythmus der einer Welle ist, die auf den Strand rollt und sich sofort wieder zurückzieht, lege deine linke Hand wieder unter die rechte und atme etwa zehn Minuten in diesem Rhythmus weiter.
-Mache zum Abschluß erneut einen OM-Gruß.
Diese Übung führt zu einem Gefühl von Festigkeit und Gleichgewicht im gesamten Bauchbereich.

Chaotisches Atmen

Ein Übermaß an Energie kann ein unangenehmes Gefühl, Muskelverspannungen oder einen Strom an wirren Gedanken mit sich bringen. Willst du diese Unausgewogenheit ganz schnell beseitigen, kannst du die Technik der Hyperventilation (übermäßige Atemsteigerung) anwenden: Sie wirkt wie ein Sicherheitsschieber an einem Stausee, der überzulaufen droht. Diese Technik hat eine Übersättigung des Blutes mit Sauerstoff zur Folge, der dann das Übermaß an Toxinen verbrennt.

- Lege dich flach auf den Boden , schließe die Augen und beginne schnell in der oberen Brusthälfte zu atmen wie ein japsender Hund oder wie eine Frau beim Gebären, die während der Kontraktionen ihre Atemübungen macht.
- Atme so fünf Minuten lang, nicht länger, dann halte ein.
- Fühle, was in deinem Körper geschieht, aber schlafe nicht dabei ein.
- Wiederhole diese Übung nach einer kleinen Pause nochmals fünf Minuten lang; halte ein, fühle, was in dir geschieht, und atme ein letztes Mal fünf Minuten lang.
- Setze dich anschließend sofort aufrecht, öffne die Augen, stehe auf und gehe deinen üblichen Aufgaben nach.

Eine solche Pause hat etwas sehr Erfrischendes an sich.
Du kannst diese Atemübung jederzeit durchführen, nur dürfen die einzelnen Phasen nicht länger als fünf Minuten dauern. Sobald du in den Händen ein Kribbeln verspürst, unterbrich diese Übung sofort.
Falls du diese spezielle Technik noch vertiefen willst, wende dich an einen Atemtherapeuten (Rebirthing).

Alpha - Atmung

Diese heute sehr verbreitete Atemtechnik erzeugt in uns einen Zustand tiefer Ruhe und Klarheit, wobei sich unsere Wahrnehmungen verfeinern und unsere biologischen Funktionen verlangsamen.

- Setze dich in Lotus- oder Halblotussitz, dein Rücken ist gerade, die Augen sind geschlossen. Konzentriere dich leicht auf das Dritte Auge. Deine Schultern sind entspannt, und deine Zunge ist leicht gegen den Gaumen gerollt.

- Atme fünf Minuten durch die Nase, wobei du die Kälte der einströmenden und die Wärme der ausströmenden Atemluft spürst, ohne aber dabei den Atemrhythmus zu verändern.

- Spüre, wie beim Atmen, während der folgenden fünf Minuten, zunächst dein Bauch, dann die Mitte deiner Brust und dann der obere Brustkorb schwellen. (Solltest du Schwierigkeiten haben, diesen Luftstrom in dir zu spüren, so erhöhe leicht den Atemrhythmus.)

- Lege jetzt ganz sanft deine linke Hand auf dein Herz und die rechte Hand in die linke. Spüre fünf Minuten lang deinen Herzschlag.

- Beginne jetzt die eigentliche Alpha-Arbeit: Atme während sechs Herzschlägen ein, halte dann während drei Schlägen den Atem an, atme während sechs Herzschlägen aus und halte den Atem wieder während drei Herzschlägen an. Mache dics fünfzehn Minuten lang.

Nach etwa einer Woche kannst du diese Atemtechnik überall mit offenen Augen durchführen, ohne daß jemand etwas davon bemerkt. Sie wird die dabei helfen, in vielen Situationen ruhig und geistig aufgeschlossen zu bleiben.

Später kannst du den Rhythmus etwas verlangsamen, indem du mit 6-6-6-6 (Einatmen - Anhalten - Ausatmen - Anhalten) beginnst und dann den 12-6-12-6-Rhythmus versuchst. Bei diesem Atemrhythmus hast du nicht mehr das Gefühl zu atmen.

Das Mantra A - O

Dieses mit dem Atem kombinierte Mantra erweitert unser Körperbewußtsein. Es entspannt Gesicht und Kehle, wobei das Ergebnis davon abhängt, wie du die Töne in deinem Inneren zum Schwingen bringst. Übrigens ist es nicht notwendig, besonders laut zu singen, um den gewünschten Effekt zu erzielen.

- Sitze bequem mit geradem Rücken und entspannten Schultern. Das Kinn ist leicht eingezogen. Mache eine Begrüßung mit OM.
- Rolle deine Zunge nach hinten, lasse aber etwa einen Fingerbreit Abstand zwischen der Zunge und dem Gaumen. Atme tief durch die Nase ein und fülle deine Lungen von unten bis oben.
- Öffne deinen Mund so weit wie möglich und singe beim Ausatmen den Laut A - O. Der A-Ton soll hoch und kurz sein, während das O lang andauern und in der Kehle widerhallen soll. Die Luft entweicht dabei teils durch die Nase, teils durch den Mund.

Der Ton ist richtig gesungen, wenn er in der Kehle vibriert und wenn du dabei gleichzeitig einen Oberton (eine Oktave höher als der Grundton) im Kopf hörst. Schließe diese Übung nach etwa zehn Minuten mit einem Om-Gruß ab.

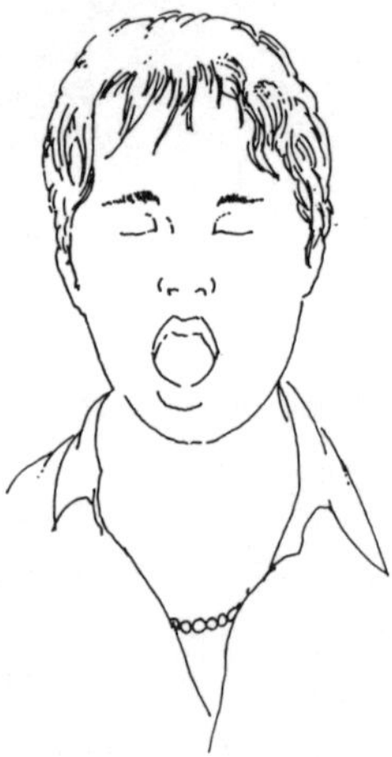

Das Mantra AH - TU

- Setze dich in Lotus- oder Halblotussitz in deinen Meditationsraum.
- Mache eine OM-Begrüßung.
- Chante AH, indem du deinen Mund weit öffnest.
- Halte einen Augenblick die Luft an und bilde ein kleines O mit deinem Mund.
- Singe dann beim Ausatmen die Silbe TU.

Die Zunge ist nach hinten gerollt, und die Vibration dieses Tones verspürst du in der Zirbeldrüse.

Diese Technik bringt mehr Sauerstoff ins Blut und beruhigt die Gedanken. Du kannst sie morgens etwa zehn Minuten lang anwenden oder sie eventuell mit einer Rezeptivitäts-Atmung verbinden: fünf Minuten AH-TU Mantra, dann fünf Minuten Rezeptivitäts-Atmung, und dies wechselweise eine halbe Stunde lang.

Rezeptivitäts-Atmung

Wenn du diese Atemtechnik jeden Morgen etwa eine Viertelstunde anwendest, reicherst du damit das Blut mit Sauerstoff an, machst den Körper geschmeidiger und dich selbst ruhig und munter für den Tag.
Das Bild, das aus den verschiedenen Bewegungsphasen entsteht, ist das einer Blume, die sich mit den ersten Sonnenstrahlen am Morgen öffnet.
Während der Übung ist der Körper entspannt, und die Knie sind leicht gebeugt.
- Atme während dieser Bewegungsübung, die dich in eine vertikale Rezeptivitäts-Haltung versetzt, stets durch die Nase. Entwickle dabei deine Fähigkeit, alle Bewegungen langsam durchzuführen, damit du dir innerlich deines Körpers vollkommen bewußt bleibst.

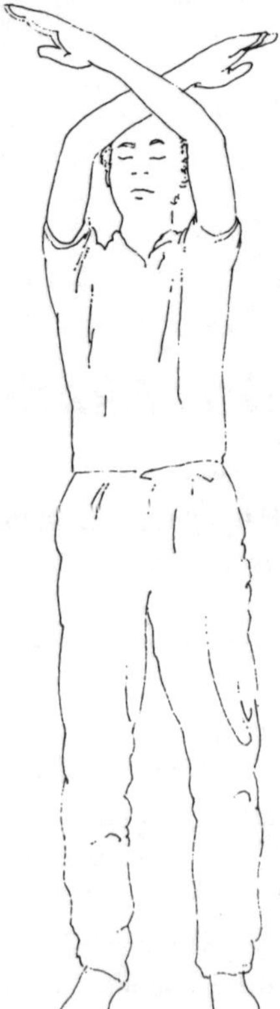

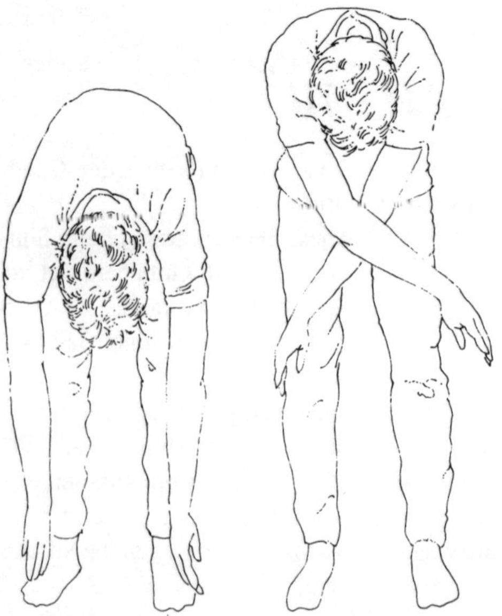

Wenn du in der Rezeptivitäts-Haltung bist, halte deinen Atem kurz an. Deine Arme sind leicht angewinkelt und die Handflächen nach innen gedreht.

- Atme dann langsam durch den Mund aus, indem du die Hände nach außen drehst und deinen Oberkörper nach vorne beugst.

Sobald du wieder in der Ausgangshaltung bist, atme erneut ein und richte dich gleichzeitig auf, bis du wieder die Rezeptivitäts-Haltung einnimmst. Erst jetzt ist der Körper für einen Augenblick ohne Bewegung.

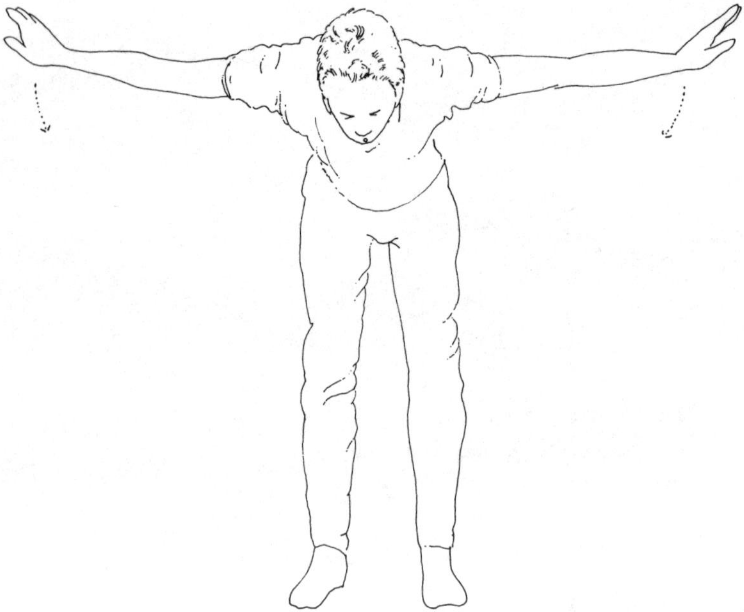

Misogi-Meditation

Diese Technik bewirkt in uns, daß wir durch Atmen für die kosmische Energie aufnahmefähiger werden . Die Übung besteht darin, daß wir bewußt das Prana aus der durch die Nase eingeatmeten Luft nehmen, diese Energie in uns festhalten und dann den Überschuß durch die offenen Hände abfließen lassen.

- Du sitzt auf deinen Fersen, der Rücken ist gerade. Die Hände liegen auf den Oberschcnkeln, ihre Innenflächen zeigen in Richtung Himmel. Das Kinn berührt die Brust. Schließe deine Augen und atme durch die Nase die kosmische Energie ein, während du gleichzeitig deinen Kopf aufrichtest. Spüre diese Energie, die durch deine Nase bis zum Kleinhirn steigt, um sich dann im Unendlichen zu verlieren.

- Höre mit der Bewegung auf, sobald dein Kopf aufgerichtet ist, und lasse nun die im Kleinhirn verbliebene Energie an der Wirbelsäule entlang bis zum Hara fließen.

- Lasse während dieses Ausat-

1

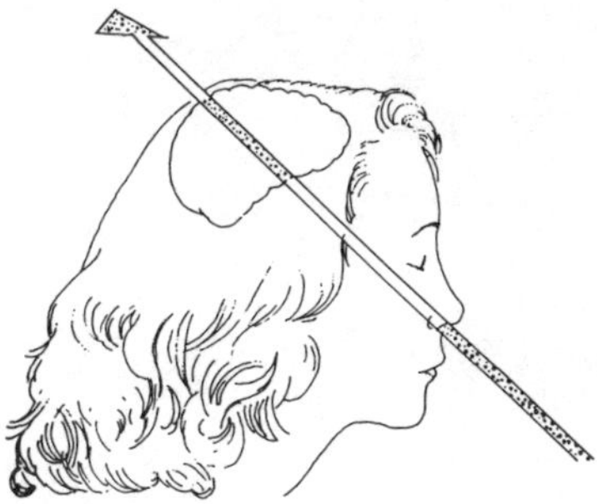

2

mens deinen Kopf langsam wieder nach vorne fallen. Leite nun die Energie vom Hara aus durch die Hand- und Fußflächen hindurch bis ins Unendliche.
Mache diese Übung etwa fünfzehn Minuten lang und bleibe dabei so ruhig wie nur möglich. Diese Kopfbewegung wird dir sehr schnell ganz natürlich erscheinen.

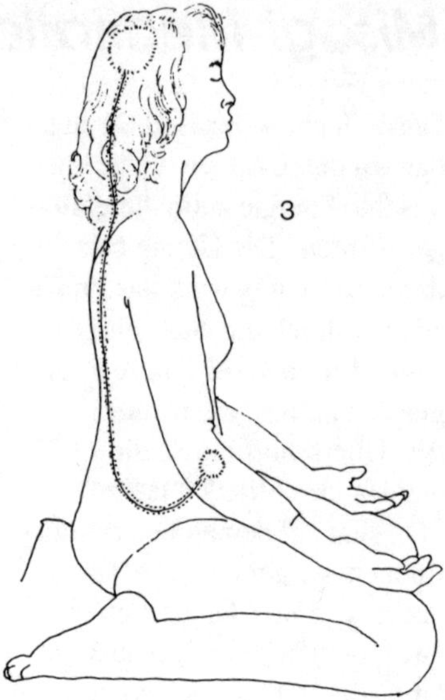

3

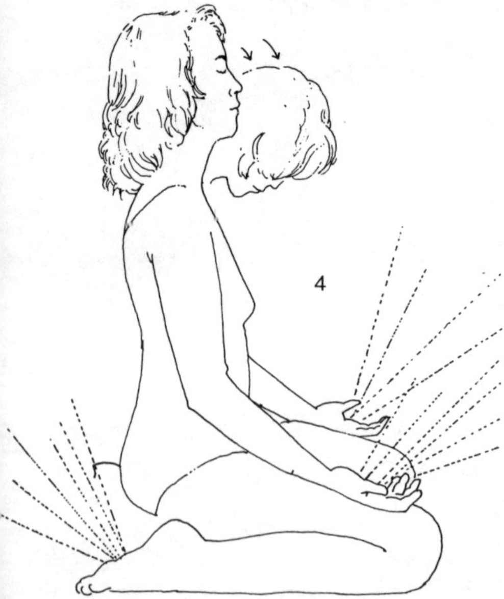

4

Diese Meditation auf der Basis des Nehmens und des Loslassens vermittelt uns gleichzeitig eine große Geistesgegenwart, eine wirkungsvolle, intellektuelle Aufgeschlossenheit und einen inneren Zustand der Offenheit, der uns den Raum, wo wir uns befinden, und der uns umgibt, erfassen läßt. Durch diese Technik können wir Situationen erkennen, die uns am meisten entsprechen.

Atmung der inneren Heiterkeit

Diese besonders gegen Streß wirksame Atemtechnik hilft uns dabei, schnell von einer Energie in eine andere überzuwechseln, dabei wird unsere Laune zusehends besser.

1

2

- Setze dich in einen Lotus- oder Halb-lotussitz, deine Handflächen ruhen auf den Knien.
- Mache eine OM-Begrüßung.
- Atme langsam ein, während sich dein Oberkörper nach links neigt, und deine Hände auf den Knien bleiben. Gehe so tief hinunter, bis dein rechter Arm ganz ausgestreckt, jedoch völlig entspannt ist.

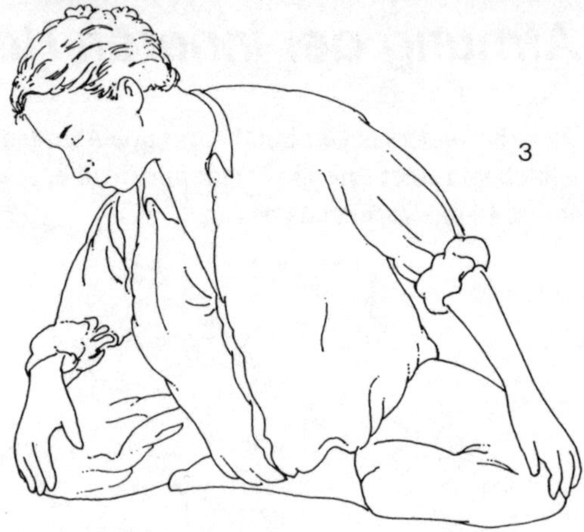

3

Richte dich beim Ausatmen langsam wieder auf.

- Atme erneut ein, wobei du dich nun nach rechts beugst. Richte dich beim Ausatmen wieder auf.
- Mache diese Bewegung dreimal.
- Atme ein, indem du deinen Kopf nach hinten beugst, die Kinnspitze ist nach oben gerichtet und der Hals gespannt. Atme aus, indem du das Kinn so nahe wie möglich in Richtung Brustkorb beugst.
- Mache diese Bewegung dreimal hintereinander.

4

Drücke anschließend alle restliche Luft aus den Lungen, indem du deinen Oberkörper in einer großen Kreisbewegung nach links beugst, bis dein Kopf deine linke Hand berührt, die immer noch auf dem linken Knie liegt.

1

2

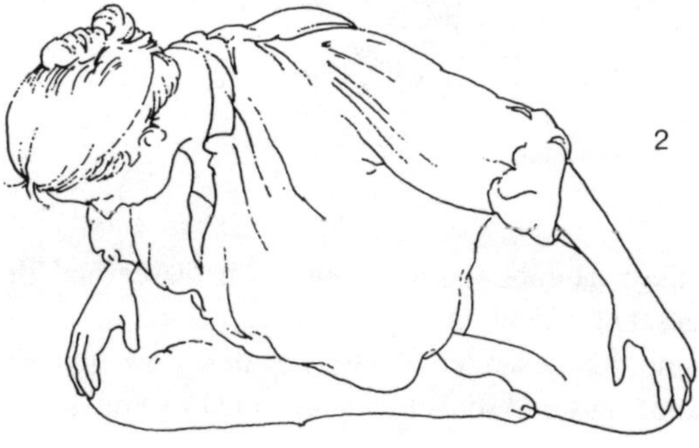

-Atme kurz ein und setze die Drehbewegung deines Oberkörpers fort, der dabei zunächst den Boden vor dir und dann deine rechte Hand berührt.
-Atme jetzt ganz ein und beende diese Kreisbewegung, indem dein Körper wieder in seine Ausgangsstellung zurückkommt.

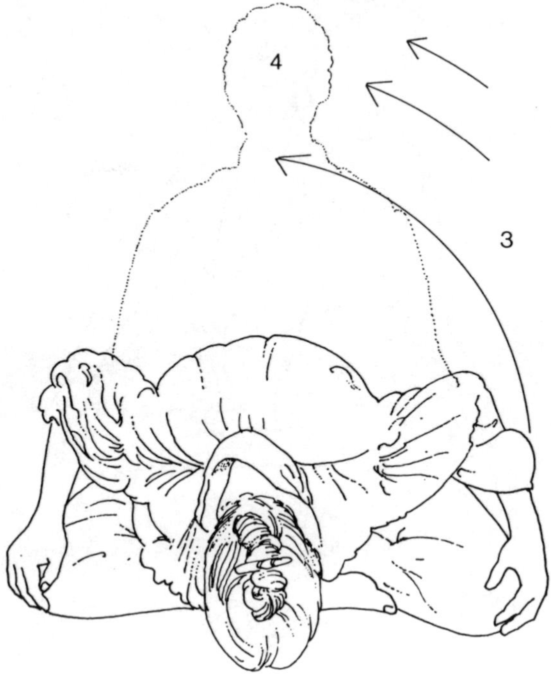

- Mache diese Drehbewegung dreimal in dieser und dreimal in entgegengesetzter Richtung.
- Führe dann den gesamten Zyklus der drei Bewegungen dreimal hintereinander aus und schließe mit einem OM-Gruß ab.

Meditation auf das goldene Licht

Diese Meditation fördert in uns das Hin- und Herpendeln zwischen dem Yin-Bereich (Offenheit und Selbstaufgabe) und dem Yang-Bereich (Bewegung und Kreativität). Wir üben sie morgens und abends etwa zwanzig Minuten lang, und dies für die Dauer von drei Wochen. Geatmet wird durch die Nase.

Lege dich am Morgen, wenn du gerade aus deinem Schlaf erwachst, dich aber schon wach und munter fühlst, auf den Rücken und schließe deine Augen. Atme tief und langsam ein und visualisiere dabei ein kräftiges goldenes Licht, das durch deinen Kopf in dich eindringt. Du fühlst dich innerlich ganz leer, und das Licht durchfließt deinen Kopf, dann deinen Körper, um schließlich an deinen Zehenspitzen wieder hinauszuströmen. Stelle dir vor, daß dieses Licht dir hilft, dich zu reinigen, und daß es dich ganz mit männlicher Schöpfungskraft erfüllt. Atme nun langsam aus, wobei du das Dunkel visualisierst, das durch die Füße in deinen Körper eindringt. Du bist leer, und ein schwarzer Strom durchfließt deinen Körper bis zum Kopf, durch dessen Scheitel er wieder austritt. Stelle dir vor, daß diese dunkle weibliche Energie dich für alles empfänglicher macht, indem sie dich beruhigt und erfrischt.

Nimm dir am Abend, bevor du schlafen gehst, etwas Zeit zum Entspannen. Wiederhole die Übung vom Morgen, sobald du den Zustand zwischen Schlaf und Wachsein spürst. Wenn du bei dieser Übung einschläfst, um so besser, denn ihre Wirkung bleibt in deinem Unterbewußtsein verankert und setzt während deines Schlafes ihre Arbeit fort.

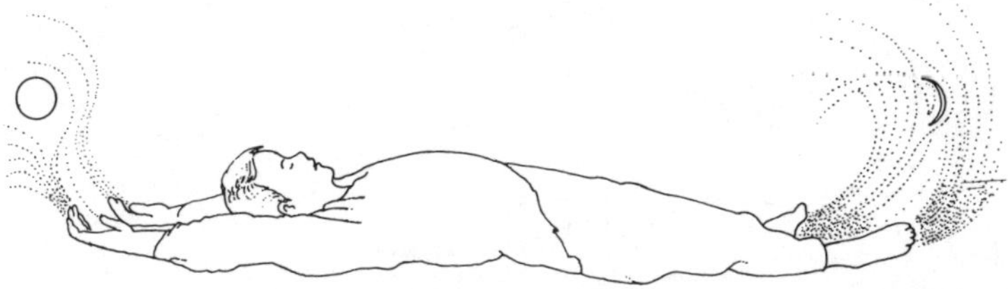

Die alchimistische Schlange oder die Bewegung des Uroboros

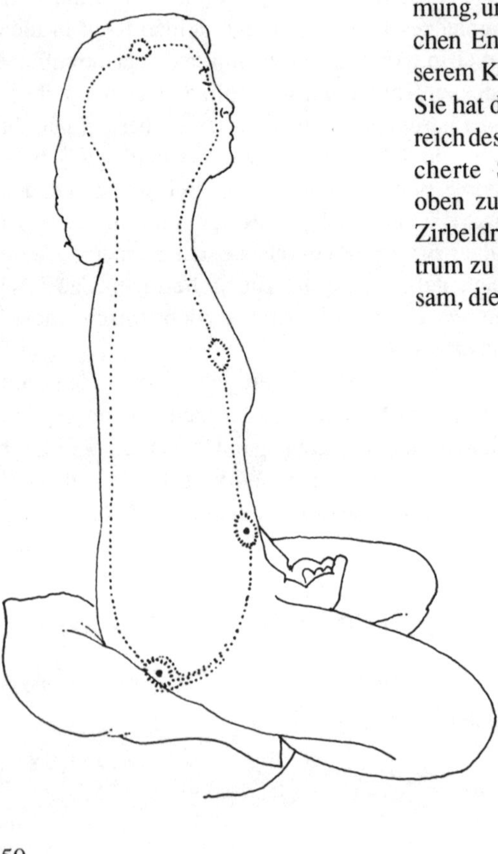

Diese Meditation verwendet Visualisation und Atmung, um damit die natürlichen Energiekanäle in unserem Körper zu öffnen.
Sie hat das Ziel, die im Bereich des Unterleibs gespeicherte Sexualkraft nach oben zu verlagern, um so Zirbeldrüse und Gehirnzentrum zu beleben. Es ist ratsam, diese Übung am Mor-

gen nach einem leichten Frühstück oder am Abend vor dem Essen zu machen, und zwar jeweils fünfzehn Minuten pro Tag drei Wochen lang. Du kannst die Wirkung dieser Technik noch verstärken, wenn du während dieser Zeit auf sexuelle Aktivitäten verzichtest, damit der Magnetismus der Sexualkraft dem Körper erhalten bleibt.

- Dusche dich kurz und setze dich im Lotus- oder Halblotussitz in deine Meditationsecke.
- Schließe nach einer OM-Begrüßung die Augen, tauche in Gedanken deine Sexualorgane in Dunkelheit und konzentriere dich auf dein Drittes Auge.
- Atme durch die Nase ein, mache eine Serie von zwölf Alpha-Atmungen und visualisiere dabei deinen Unterleib, der immer dunkler wird.
- Visualisiere dann beim Einatmen zwischen deinem Anus und den Geschlechtsorgangen eine goldene Schlange, die von dort aus an der Wirbelsäule entlang bis zum Scheitel steigt. (Damit du den Punkt spürst, von dem aus die Schlange emporsteigt, kannst du eine Sekunde lang den Anus zusammenziehen.)
- Stelle dir nun zu Beginn des Ausatmens vor, daß die Schlange sich durch die Nasennebenhöhlen und die Kehle zur Brustmitte hinunterschlängelt. Halte dort kurz deinen Atem an, atme dann weiter aus und beobachte dabei, wie die Schlange bis zum Hara hinabsteigt, der sich zwei Fingerbreit unter dem Nabel befindet.

Halte jetzt erneut kurz den Atem an und atme dann vollkommen aus, wobei du visualisierst, wie die Schlange wieder ihre Ausgangsposition einnimmt.

Sobald du diese Schlangenbewegung körperlich ganz integriert hast, wird sie dir wie aus goldenem Licht erscheinen. Sie beißt sich selbst in den Schwanz und dreht sich ständig in deinem Inneren.

Später kannst du diese Meditation überall durchführen, um dein Gehirn mit Lebenskraft zu versorgen und dein Drittes Auge zu öffnen. Solltest du an dieser Stelle Lichtkreise wahrnehmen, lasse dich davon nicht beeindrukken. Beobachte noch etwa zehn Minuten lang, wie sich die Schlange in deinem Körper bewegt.

Verinnerlichung durch Konzentration

Es folgt nun die Beschreibung einer Technik, die dir helfen soll, gewisse Bilder, graphische Darstellungen oder Texte tief in dich aufzunehmen. Es kann sich um eine Tarotkarte, um die Stellung eines bestimmten Planeten in einem Horoskop oder um die Bedeutung eines Hexagramms im I Ging handeln.

Wenn du eine bildliche Darstellung verinnerlichen willst, beispielsweise eine Tarotkarte, dann lege diese in deinen Meditationsraum, setze dich davor und richte deinen Blick darauf, ohne mit den Augen zu zwinkern. Stelle dir vor, daß dieses Bild mit jedem Einatmen tief in dich eindringt. Stehe nach etwa zwanzig Minuten auf und nimm die Haltung der Hauptperson auf dieser Karte ein. Schließe die Augen und empfinde etwa zehn Minuten lang die Bedeutung nach, die von dieser Haltung ausgeht. Zum Abschluß führst du einen OM-Gruß aus. Mit dieser Technik kannst du die persönliche Bedeutung dieser Tarotkarte zutiefst in dir nachvollziehen.

Willst du z.B. die Auswirkung einer I-Ging-Befragung abrufen, so mache zunächst einige Alpha-Atmungen und lies dann dreimal hintereinander die Antwort des I-Ging: das erste Mal mit deinem im Intellekt (im Dritten Auge) beheimateten Bewußtsein, das zweite Mal mit dem Bewußtsein der Solar-Plexus-Ebene und das dritte Mal mit dem Bewußtsein der Hara-Ebene.

Indem du die Antwort des Orakels mittels dieser drei Zentren in dich aufnimmst, öffnest du den Zugang zu einem ganz neuen Verstehen.

Entspannung der Atemfunktion

Jedesmal, wenn du etwas Zeit hast, während du Auto fährst, mit dem Zug oder Flugzeug reist, oder wenn du irgendwo warten mußt, kannst du deine Atemfunktion entspannen und alle deine Gedanken "ausatmen".

Atme ganz natürlich (schließe, wenn möglich, die Augen dabei) und beobachte deinen Atem. Konzentriere dich nicht, denn wenn du dies tust, läufst du Gefahr, von vielen kleinen Dingen abgelenkt zu werden. Fährst du z.B. im Auto, so können dich die Motorgeräusche, der Verkehrslärm, oder auch die Person stören, die am Steuer sitzt.

Entspanne dich ganz einfach und beobachte deinen Atemrhythmus. Akzeptiere alles um dich herum: der Motor dröhnt, der Verkehr ist laut – all dies gehört zum Leben. Atme ein – und dann atme all die Störungen, die Gedanken und Geräusche einfach wieder aus.

Der veränderte Raum

Setze dich mit geradem Rücken in den Lotus- oder Halblotussitz und mache den OM-Gruß.

Bleibe vollkommen unbeweglich und konzentriere dich auf den Punkt in der Mitte deiner Brust. Laß dich nach und nach gehen und stelle dir vor, daß du, anstatt zu beobachten, hören, berühren oder schmecken kannst, derjenige bist, der von seinem Leben beobachtet, gehört, berührt und geschmeckt wird. Stelle dir vor, dein Leben könnte dich "verzehren", und lasse dich ganz in ein Gefühl von Vertrauen gleiten, in ein Gefühl von Zerbrechlichkeit gegenüber der Existenz.

2
Mantras und Mudras

Der Mensch hat drei Instinkte zur Verfügung, mit denen er die Wirklichkeit erfaßt. Er kann seine Lebenskraft (Bauch) zum aktiven Handeln einsetzen, seine Gefühlskraft (Herz) zum Emp-finden und seine Geisteskraft (Gehirn) zur Analyse von Infor-mationen, die er von innen oder von außen empfängt.

Doch in den meisten Fällen benutzt der Mensch nur seinen Geist, um Lösungen für seine Probleme oder Antworten auf seine Fragen zu finden. Er übersieht dabei vollkommen die beiden anderen Bewußtseinsformen, die sozusagen das objektive Bild der Realität vervollständigen. Und wozu führt die Tat-sache, daß wir ausschließlich den Verstand einsetzen, um unsere inneren und äußeren Konflikte zu lösen?

Sie führt dazu, daß der Verstand uns eine gewisse Anzahl an objektiven Informationen liefert (wie etwa: Der Himmel ist blau); ferner eine bestimmte Menge an Erfahrungen, die wir gelebt haben; dann ein moralisches und religiöses System, das uns anerzogen wurde; all die Konditionierungen, die uns seit unserer Kindheit beeinflussen, unsere imaginäre Vorstellungswelt – kurz, größtenteils also eine Anzahl von Erfahrungen, die andere erlebt haben und die wir annehmen, ohne sie selbst gelebt zu haben. Der Verstand hat dennoch eine subjektive Vorstellung von der Wirklichkeit, und seine Antworten auf unsere Fragen sind ebenso subjektiv wie die Informa-tionen, über die er verfügt, um antworten zu können.

Sobald wir jede körperliche Aktivität einstellen und einfach nur still dasitzen, gerät der Geist in Bewegung und produziert eine Unmenge an wirren Gedanken, die ihrerseits wieder Gefühle hervorrufen, die vom Verstand aufgenommen und interpretiert werden, um schließlich in Wünsche oder Handlungen umgewandelt zu werden. Dieses, von subjektiven Informationen ausgelöste Wünschen und Handeln, führt dann oft zu Situationen, denen der Dunst des "Schon-mal-Erlebten" anhaftet und die wir im Grunde gar nicht wiedererleben wollten. Aber da der Verstand uns einige Schlingen gelegt und zu Sklaven unserer Emotionen gemacht hat, mit denen wir uns identifizieren, sind wir praktisch gezwungen, diese Situation erneut zu erleben.

Dieses Überschwellen der Gedanken versteckt vor uns die Tatsache, daß wir im Grunde ein reines Bewußtsein sind. Die Gedanken-Filme, die auf unsere Bewußtseins-Leinwand projiziert werden, berühren uns zutiefst, während in Wirklichkeit die Lichter am Ende des Films wieder angehen und auf der weißen Filmwand nichts mehr zu sehen ist – weder Todesschüsse noch Liebesszenen.

Wie können wir nun diesen Mechanismus, uns identifizieren zu müssen, zum Stillstand bringen und so die notwendige Öffnung erfahren, um die Realität des Hier und Jetzt mittels unserer dreifachen Intelligenz zu erfassen, d.h. mittels unseres gesamten Körpers?

Wie können wir den Verstand nur noch dafür einsetzen, um eine Art Leitlinie für unser Leben heranzuziehen?

Wie können wir den Verstand meistern und uns dienen lassen?

Das Mantra spielt hierbei eine wichtige Rolle. Es ist eine Art Laut-Wort, das, in einem bestimmten Rhythmus wiederholt, eine besondere Schwingung aussendet. Es kann sich dabei auch um eine Wortfolge handeln, die innerlich wiederholt wird und dabei den Ansturm von Gedanken durchschneidet, da sie den Geist beschäftigt.

Der Mantralaut kann heilen, da die von ihm erzeugte Vibration eine sehr starke Heilkraft besitzt, wenn sie auf eine bestimmte Stelle gelenkt wird. Er kann auch bis in die Tiefe unseres Unterbewußtseins vordringen, (da, wo unsere Ängste, unsere Glaubensvorstellungen, unsere Gefühlserin-nerungen oder ihre Ablehnung und all unsere Konditionierungen gespeichert sind) und uns so die sorgsam versteckten Mechanismen bewußt werden lassen.

Eine andere Form des Mantra, das sogenannte Wiederholungs-Mantra, wirkt wie ein Schutzschild gegen gewisse Formen von Gewalt. Nehmen wir den Fall, jemand beschimpft uns: Anstatt, daß wir uns nun mit der Beleidigung und dem Wutgefühl, das diese Beschimpfung in uns auslöst, identifizieren, können wir uns statt dessen mit dem Mantra gleichsetzen und damit die von der Wut ausgelöste Energie verbrennen, die sich dann im Mantra verzehrt. Wir selbst bleiben dabei in unserer Mitte verankert und von diesem Angriff vollkommen verschont. Andere Mantra-Wiederholungen haben die Kraft, uns aus unseren Konditionierungen zu lösen, indem sie diese neutralisieren.

Diese Form von Mantra ist also in erster Linie ein sehr mächtiger "Gedankenzerteiler". Das ständige Wiederholen des Mantra beschäftigt unseren Verstand und erlaubt so unserem Bewußtsein, alles mittels unserer Sinne wahrzunehmen. Wir haben damit die Möglichkeit, unser Bewußtseinsfeld zu erweitern, denn wir sind nun gereinigt und auf den Empfang von Neuem eingestellt, das über unsere bisherige geschichtliche, soziale und religiöse Identifikation hinausgeht.

Der Denker, oder "derjenige, der denkt", tritt zurück und macht dem Zeugen, oder "demjenigen, der nicht urteilt", Platz, d.h. demjenigen, der nicht mit der Vergangenheit verbunden ist, der eine objektive Information bekommt und der jede Einzelsitu-ation unter dem Aspekt der allgemeinen Situation sieht.

Der zweite Teil dieses Kapitels beschäftigt sich mit den Mudras.

Es handelt sich dabei um Körperstellungen, die gewisse Energieformen, bestimmte Eigenschaften oder innere Zustände ausstrahlen oder anziehen, wie z.B. Ausgeglichenheit, Mut, Offenheit und viele andere. Wir können sie zusammen mit den Mantras benutzen, um so ihre Wirkung noch zu steigern, oder wir integrieren sie in bestimmte Meditationen, um uns wach zu halten oder um bestimmte tiefgehende Emotionen zu spüren.

Diese Hand- und Fingerstellungen, die man in fast allen Religionen findet, sind wie rituelle Pforten, die sich in Richtung der Erfahrung von Transzendenz öffnen.

Das Mantra Ram

Dieses Mantra hat die Aufgabe, die Emotionen ins Gleichgewicht zu bringen, indem es gleichzeitig auf die drei Zentren (Hara, Sonnengeflecht und das Dritte Auge) einwirkt und diese empfänglich macht.

- Setze dich bequem hin. Der Rücken ist gerade, der Kopf leicht nach hinten gebeugt und das Kinn eingezogen. Lasse die Luft beim Einatmen zunächst in den Bauch strömen, dann in die Brust und schließlich in den oberen Lungenteil. Chante beim Ausatmen das Mantra RAM und zwar folgendermaßen:

- Zunächst eine kurze Intonation des R.

- Singe dann den Ton A, was die meiste Zeit des Ausatmens in Anspruch nimmt.

- Stimme schließlich das nasale AM an. (Dieser Ton ähnelt dem ONG-Ton, der als sanfter Nasallaut OOOOOOOONG gesungen wird.)
- Der Mund ist weit offen wie ein O, und die Zunge ist nach hinten gegen den Gaumen gerollt.
- Atme die Luft zum Teil durch den Mund und zum Teil durch die Nase aus.

Lasse dieses Mantra zunächst im Unterleib vibrieren. Erhebe dann deine Stimme und führe den Ton vom Hara zum Sonnengeflecht. Du wirst eine gewisse Vibration in deiner Brustmitte verspüren, und ein Teil der Luft wird durch die Nase entweichen. Erhebe nochmals deine Stimme und führe den Ton vom Solarplexus zur Schädelmitte, genau an die Stelle, wo die Zirbeldrüse sitzt. Spüre diese Vibration und entspanne deine Kehle, deine Schultern und dein Gesicht. Beende nun dieses Mantra, indem du den Laut wieder zum Hara hinunterführst und ihn dort eine Weile vibrieren läßt.

Singst du dieses Mantra RAM richtig, vernimmst du einen höheren Ton, der in der Zirbeldrüse vibriert. Ist ein richtiger Kontakt mit dem Hara hergestellt, wirst du eine gewisse Wärme im Unterleib verspüren, an Händen oder am Körper schwitzen und einen Oberton im Kopf vernehmen (oder ein Summen in der Aushöhlung hinter der zurückgerollten Zunge).

Du kannst dieses Mantra zehn bis fünfzehn Minuten lang singen.

Das Mantra OM zur Erzeugung von Wärme

Wir können das Mantra OM in Verbindung mit Visualisationen benutzen, um in Kontakt zu kommen mit der Energie unseres Bauches (oder der Energie des Hara).

Die Wirkung dieser Meditation hängt vor allem von einer guten Konzentrationsfähigkeit ab.

Nimm zunächst einen tiefen Atemzug und singe dann das Mantra OM so lange wie möglich. Der O-Laut dauert fast bis zum Ende des Ausatmens, wenn sich die Lippen wieder schließen. Dann folgt der MMM-Laut, der am Ende, wenn durch die Nase ausgeatmet wird, gesungen wird.

Wird dieser O-Laut richtig gechantet, müßtest du zwei Töne wahrnehmen: einmal eine tiefen Ton im Hara und dann einen Oberton im Kopf. Der MMM-Lauf schwingt im Hara nach.

- Mache den OM-Gruß.
- Suche dir eine angenehme Körperstellung. Setze dich in den Lotus- oder Halblotussitz, lege die Handflächen auf deine Knie und beuge den Oberkörper nach vorne, ohne dabei den Bauchbereich zusammenzupressen. Richte dich dann langsam wieder auf, indem du den Rücken krümmst und das Kinn einziehst. (Das Gewicht des Brustkorbs muß auf den Hara ausgerichtet sein.) Höre mit der Bewegung auf, sobald du merkst, daß du keine Anstrengung mehr machst und daß du dich leicht und gut eingependelt fühlst.
- Atme durch die Nase ein und fülle zunächst den unteren Lungenteil, dann den mittleren und schließlich den oberen Teil des Brustkorbs mit möglichst viel Luft. Entspanne dich vollkommen, bleibe aber wach dabei.
- Öffne ganz weit deinen Mund und forme ein O, wobei dein Kinn eingezogen ist.
- Rolle die Zunge nach hinten, um so eine Art Resonanzkasten im hinteren Teil der Mundhöhle zu bilden. Singe den Ton OO. Ein Teil der Luft entweicht durch den Mund, ein anderer durch die Nase.

Sobald nun dein Mund fast ganz geschlossen ist, atme die verbleibende Luft mit dem Nasallaut MMM aus.

Singe das Mantra OM siebenundzwanzigmal hintereinander, und zwar langsam und mit Gefühl, daß du genügend Zeit hast, jeden Schritt richtig auszuführen.

- Während der ersten drei OM vibriert der Laut zunächst in der Kehle und geht dann zum Herz hinunter (auf einen Punkt, der genau zwischen den beiden Brustwarzen liegt).
- Während der nächsten drei OM vibriert der Klang zuerst im Herzen und dann im Sonnengeflecht.
- Dann geht der Laut bei den drei nächsten Mantras vom Solarplexus herunter zum Hara.
- Stelle dir während der folgenden drei OM vor, du hast ein Ei

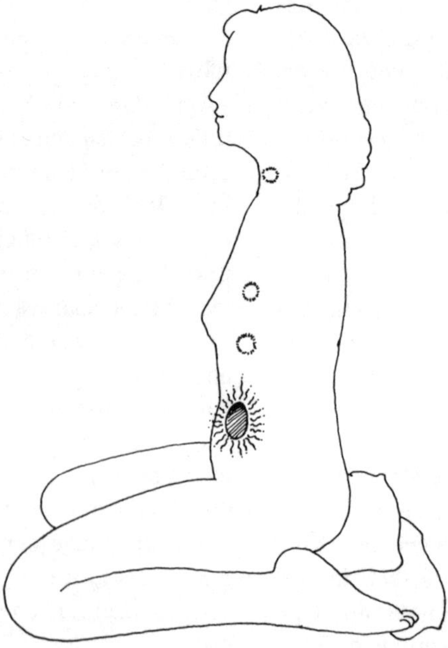

auf deinen Hara gelegt, das sich nun, während des Chantens immer mehr erwärmt und schließlich leicht rot wird.

Visualisiere während der drei nächsten OM, wie das Ei rot und röter und gleichzeitig immer heißer wird.

- Während der folgenden drei Mantras wird das Ei noch intensiver rot und kochend heiß.

-Während der folgenden neun Mantras spürst du, wie diese ganze Hitze aus dem Ei entweicht und sich in deinem ganzen Körper ausbreitet.

Bei dieser Meditation ist es sehr wichtig, das Mantra richtig zu chanten. Du wirst dann einen Oberton vernehmen. Verändere die Form deiner Lippen und die Stellung deiner Zunge, bis du diesen zweiten Ton deutlich hörst. Spiele auch mit dem Laut selbst, der sehr sanft gechantet werden kann.

Mache diese Übung einmal pro Tag, fünf Tage hintereinander, und dies für die Dauer von vier Wochen. Willst du sie allerdings eine Woche lang durchführen, betrachte sie als ein Spiel und gönne dir eine entspannende Pause am Wochenende.

Shutaty-Shumawy

Shutaty-Shumawy ist ein mantrischer Schutzschild gegen die Gedanken, die den Geist in Beschlag nehmen, und gegen Ideenverbindungen. Es handelt sich dabei um eine Möglichkeit, den Geist so sehr zu beschäftigen, daß für nichts anderes Platz bleibt als den Gedanken an dieses Mantra. Keines der beiden Worte, die dieses Mantra bilden, hat eine besondere Bedeutung, so daß man seine Wirkung als eine Art "Kurzschluß" ansehen kann. Das Chanten dieses Mantra erweckt in uns einen besonders klaren Bewußtseinszustand; wir werden empfänglich für alles, was uns geschieht, und sind damit auch gleichzeitig sehr gegenwärtig.

Singe am Anfang das Mantra laut, bis du es auswendig kannst; dann singe es nur noch innerlich.

Sprich jedes Wort klar und deutlich aus und lege die Betonung auf die zweite Silbe. Das Mantra besteht aus acht Teilen und wird, wie nachfolgend dargestellt, gesungen: Die weißen Noten entsprechen SHUTATY und die schwarzen SHUMAWY. Wiederhole diesen Zyklus, sooft du willst – fünf, zehn oder fünfzehn Minuten lang. Unterbreche den Rhythmus des Mantra nicht, um ein- oder auszuatmen, sondern atme ruhig während der Übung weiter. Du kannst dir das Chanten erleichtern, wenn du während des SHUTATY-Singens leicht mit der rechten Hand auf den Oberschenkel schlägst und SHUMAWY mit der linken Hand auf dem linken Schenkel begleitest.

Singst du dieses Mantra mit einer Gruppe, können Männer und Frauen abwechselnd singen: Die Männer singen zunächst SHUTATY und die Frauen SHUMAWY und dann umgekehrt.

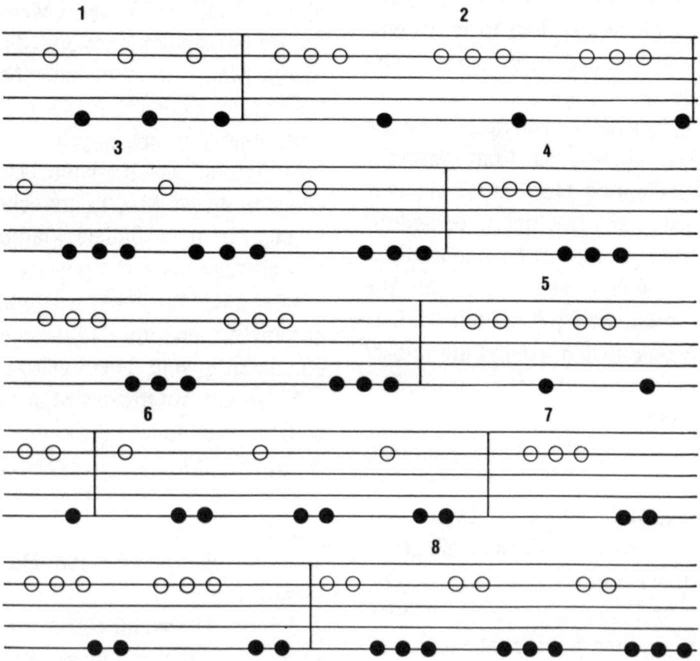

OM NAMO NARAYA NAYA

Wenn du dieses tiefe und sanfte Mantra richtig singst, bringt es dein Herz zum Schwingen. Ob du dies alleine oder gemeinsam mit anderen tust, es verlangt stets eine innere Haltung von Respekt und Offenheit gegenüber der Kraft, die dein Herz schlagen läßt.

- Schließe die Augen.
- Lege deine linke Hand auf dein Herz und dann die rechte Hand auf die linke.
- Sei solange ruhig, bis du dein Herzklopfen spürst. Beginne nun damit, leise die beiden Stanzen OM NAMO / NARAYA NAYA zu singen.

- Singe dieses Mantra immer lauter und voller Freude, bis du ganz davon erfüllt bist.
- Chante etwa eine Viertelstunde lang und höre mit einem Flüstern auf, wobei der Laut wie von selbst verschwindet.
- Bleibe danach noch etwa fünf Minuten ruhig sitzen.
Dieses Mantra vermittelt uns das Bewußtsein, daß wir alle ein empfindliches, sanftes und frohes Herz haben, daß wir aber dazu neigen, dies zu vergessen und in unseren Beziehungen zu anderen zu vernachlässigen.
Es schenkt uns das Gefühl, daß "mein Herz dein Herz ist und dein Herz mein Herz", was eine Liebesbeziehung vertiefen kann. Dieses Mantra gibt uns tatsächlich die Möglichkeit, uns wieder auf unser Herz einzuschwingen.

Wie unsere Energie einem anderen Menschen Lebenskraft geben kann

Wir können das Mantra HUM dazu verwenden, um einer schwachen oder kranken Person neue Lebenskraft zu schenken. Dafür sind mindestens drei andere Personen notwendig.
- Setzt euch um denjenigen, dem ihr helfen wollt, im Kreis herum und zwar so, daß ihr dabei seinen Körper mit ausgestreckten Armen fast berühren könnt.
- Fangt mit einem freudigen OM-Gruß an.
- Singt nun das HUM-Mantra und laßt es tief in eurem Hara schwingen. Laßt zunächst drei Folgen von Mantras mit jeweils einer kleinen Pause aufeinanderfolgen. Singt einstimmig, damit jeder seine eigene Stimme und die der anderen hören kann. Moduliert eure Stimme so, daß ihr die gewünschte Wirkung erzielt.

- Streckt nach diesen drei Mantra-Folgen eure Arme in Richtung der Person, die ausgestreckt in der Mitte des Kreises liegt, und singt weiter das Mantra. Diejenigen, die Energie aussenden, sind aktiv (yang). Sie senden die Schwingung aus dem Hara in ihr Herz, vom Herz in ihre Hände und von ihren Händen zu der Person, der sie helfen wollen. Diese ist empfangend (yin); ihr Mund ist leicht geöffnet, sie ist entspannt und hat den Wunsch, die von der Gruppe ausgestrahlte Energie zu empfangen.

- Singt das Mantra, solange ihr könnt, und sendet auch weiterhin Lebenskraft aus. Habt dabei das Gefühl, mit einem anderen etwas zu teilen, ihm etwas zu geben, was gleichzeitig eine große Ermüdung bei euch hervorruft.

- Beendet diese Übung mit einem OM-Gruß.

Das Mantra TAYATHA

Die Bedeutung dieses Mantra erinnert uns an unsere wahre Natur. Deshalb ist es nicht nur ein Schutzschild gegen unsere Gedanken, sondern mehr noch eine Erinnerung an unseren Ursprung. Das Mantra lautet:

TAYATHA GATE
GATE GATE
PARAM GATE
PARASAM GATE
BODHI SVAHA

Tayatha: Dieser Begriff bezeichnet unser Bewußtsein, unsere innerste Natur.
Gate: Wir spornen uns an, immer weiter zu gehen.
Param: Über das Jenseits hinausgehen.
Bodhi Svaha: So sei es.
"Gehe immer weiter, Bewußtsein, gehe über das Jenseits hinaus, so sei es.

- Setze dich in den Lotus- oder Halblotussitz, schließe die Augen und nähere langsam, auf Brusthöhe, den Zeigefinger der rechten Hand der Mitte der linken Handfläche. Sage nun laut "Hand", sobald der Zeigefinger die Hand berührt. Auf genau dieselbe Weise wirst du dann auch das Mantra verwenden: Du wirst dein Bewußtsein mit der gleichen inneren Eigenschaft benennen (rufen) wie deine Hand. Lasse anschließend deine Arme sinken und beginne das Mantra wie einen Singsang zu chanten, wobei du dich auf die tiefe Bedeutung der Worte konzentrierst.

Du kannst es auch lautlos innerlich chanten oder es auch immer schneller aufsagen.

Damit du das Mantra wirklich verinnerlichst, mußt du diese Übung zwei Wochen lang wiederholen, und zwar morgens, mittags und abends jeweils zehn Minuten lang. Du kannst es auch singen, wenn du dich von deiner inneren Wesensnatur getrennt fühlst, weil du melancholisch, zornig oder traurig bist oder von deinen Gefühlen übermannt wirst, weil du dich mit ihnen identifizierst. Damit schlägst du eine Brücke zu deinem Bewußtsein, das immer ist und immer sein wird, um dich an deinen Ursprung zu erinnern.

BARAKATH

Der Mensch ist Mittler zwischen Himmel und Erde, er wird von kosmischer Energie durchströmt. Damit wir uns dessen bewußt werden und das Durchströmen dieser Kraft ganz konkret, auch im Alltag, spüren, haben wir die Möglichkeit, das Mantra BARAKATH in Verbindung mit einer Körperbewegung zu singen. Wir werden dabei zu einem "Blitzableiter", zu einem Vajra. Dies ist ein tibetisches Ritualinstrument, das die Verschmelzung der kosmischen und der irdischen Energien symbolisiert. Wir werden zum Mittler, und damit werden wir uns unserer wirklichen Rolle auf diesem Planeten bewußt. Diese Mittlerposition zwischen Himmel und Erde spielt beispielsweise eine große Rolle in der Astrologie. Sie schenkt uns die Fähigkeit, Energie aus dem Kosmos zu empfangen und an die Erde weiterzuleiten.

- Setze dich bequem in den Lotus- oder Halblotussitz.
- Lege deine Hände zusammen und lasse sie den Boden vor dir berühren, wobei deine Arme ausgestreckt sind.

- Atme tief ein und hebe deine immer noch aneinandergelegten Hände bis zur Brustmitte. Halte deinen Atem an. Führe dann deine linke Hand bis über den Kopf, während sich deine rechte Hand nicht bewegt.

- Singe beim Ausatmen das Mantra wie folgt: Während des Lautes BA gleitet die linke Hand bis vor dein Gesicht, um dann mit dem Laut RA wieder die rechte Hand zu erreichen. Beim Laut KATH schießt deine rechte Hand dann wie ein Pfeil zu Boden.
Auf diese Weise leitest du die kosmische Energie durch dein Herz zur Erde.

2

3

4

5

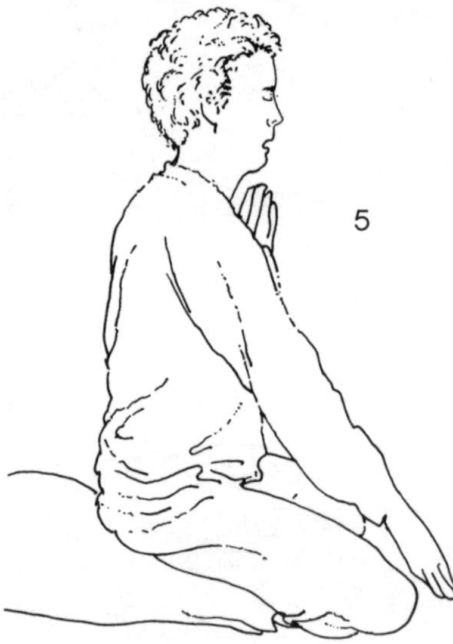

Das Mantra JA

Wenn ein Kind zur Welt kommt, ist es völlig auf seine Umgebung angewiesen. Es hat keine Wahl, und sein Überleben hängt von anderen ab. Aber es lernt schnell, sein Verlangen nach Liebe, nach Nahrung und nach Wärme zum Ausdruck zu bringen und das zu bekommen, was es möchte.

Natürlich entdeckt es zu einem bestimmten Zeitpunkt die Macht des Wortes "Nein". Es tritt in seine "Nein-Phase" ein, die mehr oder minder lange andauern wird. Während dieser Zeit beobachtet es, wie sich die Haltung der Erwachsenen ihm gegenüber verändert. Es merkt, daß es nun plötzlich ernstgenommen wird und seinen eigenen Platz in der Gruppe hat. Wahrscheinlich hat das "NEIN" dazu beigetragen, daß es sich nun plötzlich "anders" als vorher versteht. Leider kann dies manchmal zu einer unbewußten, gewohnheitsmäßigen Abwehrhaltung führen, die unsere Existenz beherrscht und in uns ein Gefühl von Ohnmacht hinterläßt – und nicht mehr jenes Existenzgefühl, wie das Kind es bei der Entdeckung seines Ichs erfährt. Dieses ablehnende NEIN wird dann automatisch zu einer Schutzhaltung, die uns keine Wahl mehr läßt. Wir sind also wieder am Ausgangspunkt angelangt. (Es gibt natürlich auch den umgekehrten Fall, daß Menschen die gleiche unbewußte Haltung gegenüber dem JA haben, doch im allgemeinen ist unsere heutige Welt mehr auf das ablehnende Nein ausgerichtet, auf Mißtrauen, Stolz und Aggressivität.)

Damit wir unsere Psyche wieder etwas mehr ins Gleichgewicht bringen, können wir das Mantra JA singen und so eine neue Seinserfahrung entdecken. Mit ziemlicher Sicherheit wird ein gewisses Gefühl von Angst diese Veränderung begleiten. Wir sollten dies jedoch als etwas Natürliches akzeptieren und gleichzeitig alles versuchen, damit sich dieser Abwehrprozeß umkehrt.

Sage eine Woche lang innerlich JA, gleichgültig, wo du bist, und jedesmal, wenn du unter Spannung stehst, negative Urteile fällst oder selbst dann, wenn du Freude empfindest. Übe dieses JA von morgens bis abends, dann wirst du erfahren, was diese neue Energie dir schenken kann.

Friede diesem Mann, Friede dieser Frau

Jedesmal, wenn du eine Verabredung hast oder zufällig jemanden triffst, jedesmal, wenn du Ablehnung, Haß oder Liebe für diesen Menschen empfindest oder ihn positiv oder negativ beurteilst, wiederholst du innerlich das Mantra "Friede diesem Mann" oder "Friede dieser Frau". Empfinde zutiefst, daß du dieser Person Frieden wünschst. Wenn dieser Wunsch wirklich ernstgemeint ist, wirst du bei dem oder der Betreffenden eine Veränderung feststellen, so als sei etwas Unbekanntes in ihn/sie eingedrungen. Ihr Verhalten wird sich ändern.

Probiere dieses Mantra zwei Wochen lang aus, und du wirst seine Wirksamkeit erfahren.

Du kannst dieses Mantra auch für dich selbst anwenden.

Wünsche dir Frieden, wenn du dich über dich selbst ärgerst oder dich negativ beurteilst. Wiederhole bei jeder Gelegenheit: "Friede diesem Mann" oder "Friede dieser Frau".

Die Bijas

Wir vergessen nur allzu leicht, daß jeder Tag, der heute beginnt, heute auch wieder aufhört, um morgen einem neuen Tag Platz zu machen, und daß diese ganz natürliche Erscheinung einem kosmischen Rhythmus folgt. Hals über Kopf stürzen wir uns in unsere Alltagsaktivitäten und machen uns dieses Phänomen nur am Wochenende, wenn überhaupt, bewußt.

Dabei würde es uns keineswegs in unserer Geschäftigkeit stören, bisweilen ein bißchen mehr an diese Dinge zu denken. Dies würde uns sogar dabei helfen, etwas mehr im Hier und Jetzt zu leben und unser Handeln der Realität von Zeit und Raum anzupassen.

Die Mystiker haben aus Tönen, Farben, Planeten und Begriffen ein System geschaffen, mit dessen Hilfe wir dieses natürliche Phänomen in seiner vollen Tiefe erfahren können.

Zunächst müssen wir verstehen, daß die Energie des kommenden Tages bereits mit dem Sonnenuntergang einsetzt – wie übrigens alles Lebendige aus der

Nacht, dem Schatten, der Gebärmutter entsteht. Der Tag endet demnach mit dem Sonnenuntergang, und der folgende Tag beginnt unmittelbar danach. Diesen Augenblick des Übergangs nennt man die "purpurne Stunde", und dies ist genau der richtige Zeitpunkt für eine Bija-Zeremonie. Diese Riten sind sehr machtvoll und können zu verschiedenen Zwecken genutzt werden, sei es als mantrischer Schutz, als Offenbarung oder als Mittel, eins zu werden mit der Erdumdrehung, mit der Uhr der Zeit.

Es folgt nun die Beschreibung von mehreren Bija-Techniken.

Jeder Tag hat sein Bija

Diese kurze Zeremonie führt uns zur Bewußtwerdung des Augenblicks, wo sich die Energie des ausklingenden Tages verwandelt in die Energie der Nacht und damit potentiell in die Energie des kommenden Tages. Wir führen dieses Ritual entweder bei Sonnenuntergang oder in der darauf folgenden "purpurnen Stunde" aus. Dafür müssen wir mindestens zu zweit sein; eine ganze Gruppe ist noch besser, wobei eine Person diese Meditation leiten muß.

- Schließt die Augen und fangt mit einem OM-Gruß an.
- Der Leiter der Meditation beginnt, das Wort VAJRA zwölfmal zu wiederholen, was er jeweils an den Fingern seiner rechten Hand zählt. Die anderen sprechen es ihm jeweils nach (der Leiter: VAJRA, die Gruppe: VAJRA, usw.). Der Leiter wählt den Rhythmus dieser Wiederholungen. Er kann sie, je nach der gewünschten Wirkung, beschleunigen oder verlangsamen, und die Gruppe schließt sich seinem Rhythmus an.
- Legt nach diesen zwölf Wiederholungen eine kurze Pause ein, und beginnt dann wieder mit einer Folge von zwölf VAJ-RA.
- Nach einer weiteren kleinen Pause stimmt der Leiter zwölfmal das Bija des ausklingenden Tages an, und die Gruppe wiederholt dies wie sein Echo. Nach einer kleinen Pause schließen sich wieder zwei Folgen von zwölf VAJRA an.

- Schließlich beendet der Leiter die Zeremonie und singt zwölfmal das Mantra des anbrechenden Tages, worauf ihm die Gruppe wie ein Echo antwortet.
- Bleibt einige Minuten schweigend sitzen, und beendet dann die Zeremonie mit einem OM-Gruß.

Laßt euch Zeit damit, diese Zeremonie zum Abschluß zu bringen. Wenn ihr noch länger still sitzen bleiben wollt, um die Erfahrung der neu geschaffenen Atmosphäre auf euch wirken zu lassen - niemand drängt euch!

Wochentag	Bija	Aussprache
Montag	AIM	aim
Dienstag	KLEEM	kliim
Mittwoch	HUM	hhum
Donnerstag	GAM	gam
Freitag	GLAUM	glaom
Samstag	SHRIM	schrim
Sonntag	OM	om

Diese Technik ist besonders wirkungsvoll bei innerer Spannung oder Streß.

Meditationen im Gehen – mit den Bijas

Diese Meditation können wir überall praktizieren. Wir gehen so, wie wir es gewohnt sind, und dabei unterbricht die Wiederholung eines bestimmten Lautes unser unnützes geistiges Geschwätz. Sie gibt uns das Gefühl, in unserer unmittelbaren Umgebung ganz präsent zu sein - wie ein unbelichteter Film, der bereit ist, auch das geringste Detail seines Umfeldes aufzunehmen.

Ein Kind, das frei und unbelastet von allem intellektuellem Wissen ist, nimmt die physische Realität über Formen, Farben, Licht und Schwingungen wahr. Anders ausgedrückt: Es nimmt eine Wirklichkeit wahr, die weder vom Verstand gefiltert noch analysiert ist. Wir Erwachsene müssen dauernd das Gesehene beim Namen nennen oder deuten, wobei uns der direkte energetische Austausch verlorengeht.

Ständig mischt sich der Verstand ein, sei es, um zu beurteilen oder auszuwählen, sei es, um alles zu benennen und die Dinge im Raum erstarren zu lassen – was uns in der Folge daran hindern wird, wirklich im "Hier und Jetzt" zu leben und für unsere Umwelt empfänglich zu sein.

Mit Hilfe der folgenden Technik werden die Orte, die wir jeden Tag gedankenlos durchqueren, ohne sie noch wahrzunehmen, eine Veränderung erfahren.

- Suche das Bija des betreffenden Tages auf der obenstehenden Tabelle.
- Wiederhole dieses Bija jedesmal lautlos, wenn dein Fuß den Boden berührt. Wenn du schnell gehst, so wiederhole es nur bei jedem zweiten Schritt.
- Jedesmal, wenn du etwas siehst oder bemerkst, benenne es mit dem Bija des betreffenden Tages, anstatt ihm seinen gewöhnlichen Namen zu geben (wie Mann, rotes Auto, Baum, graues Haus usw.). Laß alles zum Bija werden, die Ampel, das Fahrrad, alles ...
- Jedesmal, wenn du an etwas denkst, gleichgültig an was, auch an diese Meditation, so warte, bis alles von selbst wieder verschwindet, und nenne dann das Bija (zum Beispiel: "Ich bin müde" ...AIM; "ich muß Georg anrufen" ... AIM usw.). Beurteile

diesen Gedanken nicht, sondern warte, bis er wieder vorbeigeht. Sprich dann das Bija aus, und alles wird zum Bija.
Du kannst diese Technik zu jeder Tageszeit anwenden.

Übe sie etwa eine Woche lang täglich eine halbe Stunde, bis sie für dich zu einem Instrument wird, das du überall einsetzen kannst. Es ist durchaus möglich, daß sich Dinge ganz unabhängig von deinem Willen äußern werden, wie die Begegnung mit einem Freund oder mit jemandem, der dich nach dem Weg fragt. Davon solltest du dich nicht stören lassen. Tu, was notwendig ist – und wenn die betreffende Person weitergeht, kehre wieder zu deinem Bija zurück.

Diese Meditationspraxis ist sicherlich eine der einfachsten, um immer im "Hier und Jetzt" dazusein. Dies trifft besonders auf die alltäglichen Situationen zu, die sich oft wiederholen und deshalb als langweilig angesehen werden. Diese Praxis ermöglicht es auch, den Streß während der Stoßzeiten in der Stadt aufzufangen, ob du dich nun in der U-Bahn oder am Steuer deines Wagens befindest.

Die Grundidee der Bijas

Diese Praxis entspricht genau der Meditation im Gehen, nur kommt hier noch die Grundidee hinzu, die im Laut des Bija enthalten ist. Wenn du zum Beispiel das Bija HUM wiederholst, denkst du dabei gleichzeitig an die Idee, die dahintersteht: Ich bin das Nichts (Ich bin das Nichts und keineswegs: Ich bin nichts). Öffne dich dieser Vorstellung, dann wird sich deine Sichtweise und deine geistige Haltung gegenüber der Welt verändern.

Immer, wenn ich auf Reisen war und mich in einer Menschenmenge befand (dasselbe gilt natürlich auch für unsere Städte mit ihren Menschenmassen), hatte ich ein Angstgefühl im Magen und glaubte, im nächsten Moment zu ersticken. Um mich von diesem Angstgefühl zu befreien, wiederholte ich das Bija GLAUM – "Ich bin die Menschheit", und schon wenig später konnte ich mich mühelos in der Menschenmenge bewegen.

Dieses Wiederholen von Bijas kann wirklich in jedem Augenblick nützlich sein. Es ruft uns einen Aspekt unserer inneren Natur in Erinnerung und bringt uns so mit der Wirklichkeit in Harmonie. Wende diese Technik sooft wie möglich an.

Montag	AIM	Mein Bewußtsein ist klar
Dienstag	KLEEM	Ich bin alles
Mittwoch	HUM	Ich bin das Nichts
Donnerstag	GAM	Alles ist ein Traum
Freitag	GLAUM	Ich bin die Menschheit
Samstag	SHRIM	Alles ist eins
Sonntag	OM	Ich bin die Leere

Die Mudras der Tugenden

Wir bewegen uns alle auf eine ganz individuelle Art und Weise. Unsere Gesten und unsere Körperhaltung haben eine ganz bestimmte Bedeutung, aber den meisten unter uns ist diese Tatsache nicht bewußt.

Ihre Beobachtung erlaubt Rückschlüsse auf den inneren Zustand der Person und auf die energetische Qualität, die sie nach außen manifestiert.

Wir können auch feststellen, daß Körperhaltungen in allen Religionen von großer Wichtigkeit sind. Im Christentum nehmen zum Beispiel die Heiligen fast immer die gleiche Haltung ein, die eine ganz spezifische Eigenschaft ausdrückt, die der Heilige verkörpern soll.

Auch ganz bestimmte Gesten, die wir manchmal als Ausdruck unserer Wut oder Verachtung zeigen, sind sehr aufschlußreich, übermitteln sie doch eine deutlich sichtbare Energie!

Gehen wir also davon aus, daß bestimmte Körperhaltungen auch bestimmten Eigenschaften entsprechen, so können wir die im folgenden beschriebene Technik anwenden, die uns erlaubt, jeweils die Tugend in uns zu aktivieren, die den größten Einfluß auf unser tätiges Leben hat.

Die Tugenden sind nichts anderes als natürliche Seinzustände, die wir durch ganz präzise Körperhaltungen nachvollziehen können. Die Übung dieser Körperhaltungen versetzt uns in Harmonie mit diesen menschlichen Tugenden, und um diese Wirkung zu verstärken, können wir noch zusätzlich ein Mantra singen.

Aktivität

Wir handeln aus dem Augenblick heraus, ohne dabei zu denken und mit der im Hara gespeicherten Energie.

Das Mantra: OM

Mut

Wir akzeptieren den Wert unserer inneren Wirklichkeit als eine Kraft, mit der wir in der Welt agieren.
Das Mantra: RAH (mit englischem r)

Echtheit

Wir akzeptieren unsere inneren Wahrnehmungen im Verhältnis zur äußeren Welt und handeln entsprechend.
Das Mantra: HAUM (haoomm)

Heitere Ausgeglichenheit

Wir sind innerlich heiter und ruhig, denn wir sind uns unserer eigenen Fähigkeiten bewußt und genügen uns selbst.

Das Mantra: AIM (aiim)

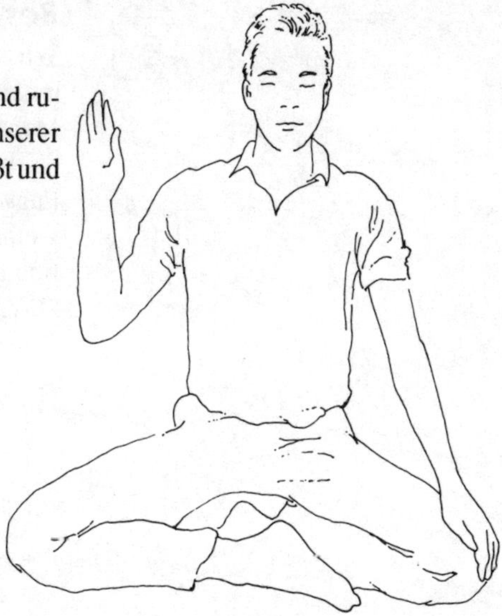

Gleichmut

Wir sind im vollkommenen Gleichgewicht zwischen unserem inneren Zustand und seinem äußeren Ausdruck.

Das Mantra: HUM (huum)

Bescheidenheit

Wir akzeptieren die Grenzen unserer Fähigkeiten, da wir nur Menschen sind. Die Bescheidenheit hat nichts mit Schwäche oder Fügsamkeit zu tun; sie erkennt vielmehr unsere wirkliche Situation innerhalb des Kosmos an.

Das Mantra: KLEEEM (kliim)

Unschuld

Wir reagieren ganz spontan im Hier und Jetzt, ohne jedesmal zu vergleichen, subjektiv zu urteilen oder etwas zu erwarten. Diese fast kindliche Seinsweise erlaubt uns, neue Erfahrungen zu sammeln.

Das Mantra: SHRIM oder CHRIM (mit englischem r)

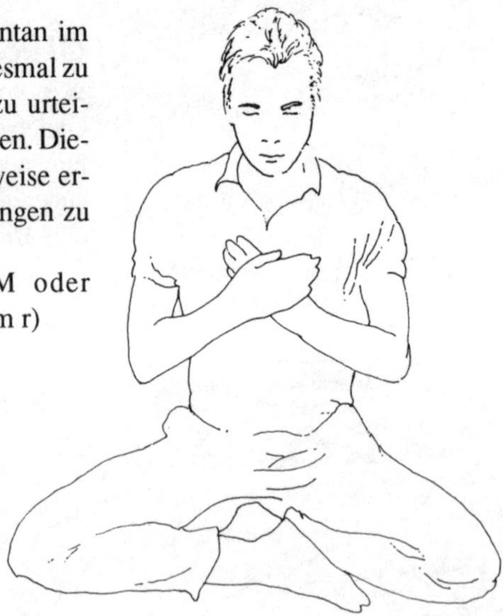

Losgelöstsein

Wir identifizieren uns nicht mehr mit dem, was nicht zu unserer Wesensnatur gehört, und möchten nichts anderes sein als das, was wir wirklich sind.
Das Mantra: GAM (gam)

Mäßigung

Wir haben einen Sinn für das Maß der Dinge. Wir nehmen nicht mehr und nicht weniger als notwendig und benutzen auch nicht mehr oder weniger Energie, als wir für unser Handeln benötigen.
Das Mantra: GLAUM (glaoom)

Die Bescheidenheit (Laotse)

Sei vollkommen bescheiden und Friede wird in Dir sein. Sei eins mit allem, was lebt, was besteht, was blüht und wieder vergeht, wie die üppige Vegetation, die zu ihren Wurzeln zurückkehrt.
Das Annehmen dieser Rückkehr zum Ursprung nennt man Seelenfrieden.
Das Annehmen dieses Seelenfriedens wurde als Fatalismus verurteilt.
Doch dies ist nichts anderes als das Annehmen des Schicksals.
Und das Schicksal annehmen bedeutet, das Leben mit offenen Augen zu betrachten, während die Ablehnung des Schicksals bedeutet, dem Tod mit verbundenen Augen zu begegnen.

Wer die Augen offen hat, hat auch den Geist offen
Wer den Geist offen hat, hat auch das Herz offen
Wer das Herz offen hat, ist voller Würde
Wer würdevoll ist, ist auch göttlich
Wer göttlich ist, ist nützlich
Wer nützlich ist, ist ohne Ende
Wer ohne Ende ist, ist gut behütet
Wer gut behütet ist, lebt im Hier und Jetzt.

Verinnerlichung der Tugend

- Bereite mehrere Karten vor und schreibe auf jede den Namen einer Tugend, ihre Bedeutung sowie das dazugehörige Mantra.
- Lege in deiner Meditationsecke die jeweilige Karte vor dich, auf der du die Tugend vermerkt hast, mit der du nun arbeiten willst. Nimm die ihr entsprechende Körperhaltung ein, schließe die Augen und chante zwölfmal hintereinander das Mantra. Singe jeweils drei Folgen mit zwölf Mantras.
- Nimm dir jeden Abend eine bestimmte Tugend vor, so daß du dich am folgenden Tag noch genau an ihre Eigenschaft erinnerst.

Das Rad der Tugend drehen

Übe dich nun, nachdem du die Tugenden auf diese Art und Weise in dich aufgenommen hast, in folgender Technik: Stelle dir nacheinander jede Tugend vor, indem du die entsprechende Körperhaltung einnimmst und das passende Mantra singst.
- Mache zunächst den OM-Gruß.
- Nimm die Körperhaltung ein, atme ein und singe beim Ausatmen das Mantra.
- Spüre, wie du durch das Pflanzenreich gehst.
- Nimm sofort anschließend die nächstfolgende Körperhaltung ein, atme ein und aus, wobei du das Mantra chantest, usw.
- Insgesamt sind dreimal 12 Folgen von Übungen zu wiederholen, die 9 Tugenden umfassen.
- Bleibe am Ende noch einen Augenblick still sitzen und schließe mit einem OM-Gruß.

Die Tugenden, eine intergalaktische Meditation

- Wähle dir eine Tugend aus, setze dich hin und beginne mit einem OM-Gruß.
- Nimm die entsprechende Körperhaltung ein.
- Singe das Mantra dreimal und beginne mit der Alpha-Atmung (führe bei jeder Phase dieser Übung zwischen sechs und zwölf Alpha-Atmungen aus).
- Visualisiere dich in der entsprechenden Körperhaltung im Mittelpunkt einer großen Kugel.
- Visualisiere, wie sich diese Kugel einen Meter über die Erde erhebt.
- Visualisiere, daß du in dieser Kugel bis zum Mittelpunkt der Galaxis fliegst.
- Atme nun hier – du bist immer noch in deiner Kugel – die Energie der Tugend ein und aus (atme in den Körper ein und atme in die Milchstraße aus).
- Visualisiere jetzt, daß du von diesem Mittelpunkt der Galaxis wieder zur Erde zurückkehrst und dabei an den Planeten vorbeikommst.
- Spüre, wenn du auf der Erde angekommen bist, spüre wie du durch das Reich der Mineralien schwebst.
- Spüre, wie du durch das Pflanzenreich gehst.
- Spüre, wie du das Tierreich durchquerst.
- Stelle dir vor, du schwebst über einem Ort, den du gut kennst. Viele Leute sind dort versammelt und du atmest die Kraft der Tugend ein und aus.
- Spüre jetzt, wie du wieder in das Zimmer zurückkehrst, wo deine Reise begonnen hat.
- Die Kugel öffnet sich, und du bleibst in der Körperhaltung der Tugend.
- Singe jetzt zweimal das entsprechende Mantra.
- Mache einen OM-Gruß.

Die Tugenden können ebenso als eine Hilfe angesehen werden. Jede Tugend kann dich in einer bestimmten Situation stärken, wenn du dir ihre Grundeigenschaften zunutze machst.

Wähle eine Situation, die auf dich zukommt, in der du diese oder jene Stärke oder Eigenschaft

zeigen möchtest.
Konzentriere dich am Vorabend auf die entsprechende Tugend, nimm ihre Körperhaltung ein und chante ihr Mantra zwölfmal.
- Visualisiere dann die Situation, in der du die Kraft der Tugend zum Ausdruck bringen möchtest. Sobald sie dir klar gegenwärtig ist, singe nochmals zwei Folgen von zwölf Mantras.
Wünsche dir dann die bestmögliche Entwicklung für diese Situation und mache einen OM-Gruß. Sobald nun die Situation eintritt, wirst du den Unterschied merken. Dein Handeln und deine Worte haben an Qualität gewonnen. Mit dieser Technik hast du die Wahl, dich so oder so zu verhalten, und dies alles zu deinem allergrößten Nutzen.

3
Konzentration und Visualisation

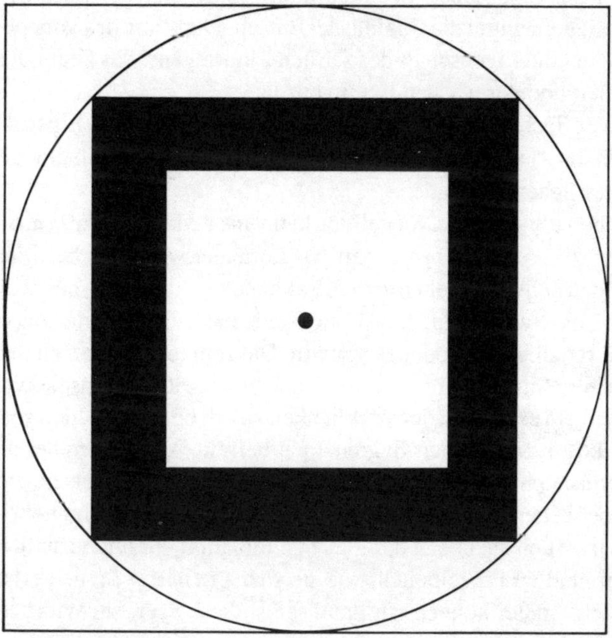

Die Erforschung unseres Selbst geht nun weiter mit Hilfe der Kraft, die durch Positives Denken freigesetzt wird. Dadurch hören wir bewußt auf, Opfer der äußeren Ereignisse zu sein. Wir können in der Tat versuchen, für jede Wahl und jede Ablehnung die volle Verantwortung zu übernehmen, d.h. vernatwortlich für unsere Freiheit zu werden.

Damit wir gewisse Bereiche unserer Psyche und unseres ätherischen Körpers erwecken und unser Handeln durch innere Bewußtseinskraft lenken, können wir bestimmte Meditationen durchführen, die auf Konzentration, Visualisation und gelenkter Vorstellungskraft basieren.

Dafür bietet uns die Natur viele Möglichkeiten, denn jedes Element enthält eine ihm eigene Qualität. So bietet uns zum Beispiel der alte Baum die Eigenschaft der Stabilität, das Wasser des Sees heitere Ruhe, das Gewitter die Qualität der Entscheidung und des Vorstoßens, der Wind die Eigenschaft des sanften Eindringens, das Feuer die der Klarheit und der wachen Intelligenz usw.

Diese Technik ist also eine sehr wertvolle Hilfe dabei, Eigenschaften in uns aufzunehmen, die uns fehlen, um sie dann im Leben verwirklichen zu können.
Eine bewußt gelenkte Vorstellung kann uns darin unterstützen, Situationen zu meistern, mit denen wir normalerweise aus bestimmten Gründen Schwierigkeiten hätten. So können sich zum Beispiel schüchterne Leute vorstellen, daß sie sich ganz natürlich ausdrücken, ohne dabei rot zu werden oder zu stottern. Dafür brauchen sie sich nur die erträumte Situation in allen Einzelheiten wie ein Szenenspiel vorzustellen, um es dann in der Wirklichkeit zu erleben - und schon sind sie von ihrer schüchternen Begrenztheit befreit. Wir können bei dieser Technik auch uns bekannte oder vertraute Personen einsetzen, die wir gerade wegen dieser oder jener Eigenschaft schätzen und lieben.

Wir stellen sie uns in der gleichen Situation vor und visualisieren dabei in allen Einzelheiten, wie sie sich an unserer Stelle verhalten würden. Später können wir dann selbst diese Szene in Wirklichkeit nacherleben.

Oder wir haben den Wunsch, das Rauchen aufzugeben. Stellen wir uns also vor, wie für uns ein Leben ohne Zigarette wäre. Dann intensivieren wir dieses Bild in uns, bis uns die Zigarette aus den Fingern fällt wie ein reifer Apfel vom Baum.

Sobald wir wissen, welche Eigenschaften wir in unsere Erfahrungen integrieren wollen, um so in harmonischem Einklang mit unserem Leben zu sein, kann die Arbeit beginnen. Sie hat das Ziel, unser Wunschdenken in die Wirklichkeit umzusetzen. Wir haben nämlich diese Möglichkeit und wir benutzen "das Gesetz der Schöpfung", um sie Wirklichkeit werden zu lassen.

Tages-Meditation

Genau wie bei den Bijas gibt es auch für jeden Wochentag eine bestimmte Farbe und eine damit verbundene Eigenschaft.

Montag	Silber	Offenheit
Dienstag	Rot	Handeln
Mittwoch	Gelb	Intelligenz
Donnerstag	Hellgrün	Weisheit
Freitag	Violett	Liebe
Samstag	Dunkelblau	Entstehen
Sonntag	Goldorange	Erneuerung

Führe die mit dieser Vorstellung arbeitende Meditation morgens durch, und zwar etwa drei Wochen lang, damit du ihre Wirkung auch voll erfahren kannst. Beginne in den ersten Tagen mit etwa drei Minuten für die einzelne Sequenz. Nach einiger Zeit wirst du selbst durch Erfahrung spüren, wie lange sie dauern soll.
- Mache zunächst den OM-Gruß.
- Enspanne dich, dein Kopf leert sich von Gedanken, und du visualisierst die Tagesfarbe.
- Du spürst die Vibration dieser Farbe in deinem ganzen Körper.

- Du fühlst dich in völliger Übereinstimmung mit dieser Farbe.
- Du nimmst die Farbe mit deinem ganzen Körper auf.
- Stelle dir nun vor, daß die Farbe sich überall ausbreitet: in dem Zimmer, in dem du dich befindest, in dem Haus, in der Stadt in dem Land, auf der Erde, in unserem Sonnensystem und schließlich in der gesamten Galaxis.
- Stelle dir nun vor, daß die Farbe den umgekehrten Weg von der entfernten Galaxis aus schreitet und zu dir zurückkehrt.
- Betrachte die Farbe ohne jeden anderen Gedanken oder assoziative Verbindung. Spüre, daß du die Farbe bist.
- Beende die Meditation mit dem OM-Gruß.

Diese Technik verwurzelt uns tief in der Eigenschaft eines jeden Tages und unterstützt uns darin, kraftvoller und intensiver zu leben.

Meditation um das Bewußtsein auszudehnen und zusammenzuziehen

Diese Meditation ist für alle die geeignet, die unter Gleichgewichtsstörungen oder Reisekrankheiten, etwa im Flugzeug oder auf einem Schiff, leiden.
Setze dich jeden Morgen und jeden Abend fünf bis zehn Minuten lang auf dein Bett, schließe die Augen und visualisiere, wie dein Körper immer größer wird, bis dein Kopf an die Zimmerdecke stößt.

Mache dich während zwei bis drei Tagen mit dieser Wahrnehmung vertraut, und du wirst in deinen Händen ein Gefühl von unwahrscheinlicher Ruhe bemerken.

Sobald du dich an diese neue Wahrnehmung richtig gewöhnt hast, visualisiere wiederum deinen Körper, der jetzt über das Zimmer hinauswächst und das ganze Haus ausfüllt. Sobald er so groß wie das ganze Haus geworden ist, spürst du, daß sich dein Zimmer nun im Inneren deines Körpers befindet. Setze dies fort, dehne dich auf die Umgebung des Hauses aus, bis sich das Haus selbst in deinem Innern befindet. Fülle schließlich mit deinem Körper den Himmel aus, während sich die Son-

ne, der Mond und die Sterne im Innern deines Körpers bewegen. Nachdem du diesen Expansionsprozeß zwölf Tage lang durchgeführt hast, wiederholst du dies in umgekehrter Richtung.

Setze dich wieder hin und spüre, wie dein Körper immer kleiner wird, bis er nur noch ein Atom in deiner Hand ist, wie dieses Atom dann noch kleiner wird, um schließlich ganz zu verschwinden.

Nach zwölf Tagen bist du so klein geworden, daß du dich selbst nicht mehr in Raum und Zeit ansiedeln kannst.

Du hast damit gezeigt, daß du sowohl ebenso riesengroß sein kannst wie alles, was dich umgibt, aber auch so klitzeklein und unsichtbar wie ein Atom.

Übe diese Bewegung des Ausdehnens und Zusammenziehens jeweils zwölf Tage lang, indem du sie Schritt für Schritt vollziehst. Machst du diese Übungen täglich fünf bis zehn Minuten über einen Zeitraum von vierundzwanzig Tagen, wird sich bei dir ein Gefühl von Glück und Freude einstellen. Du wirst dich wohl, ausgeglichen und deiner Mitte ruhend fühlen.

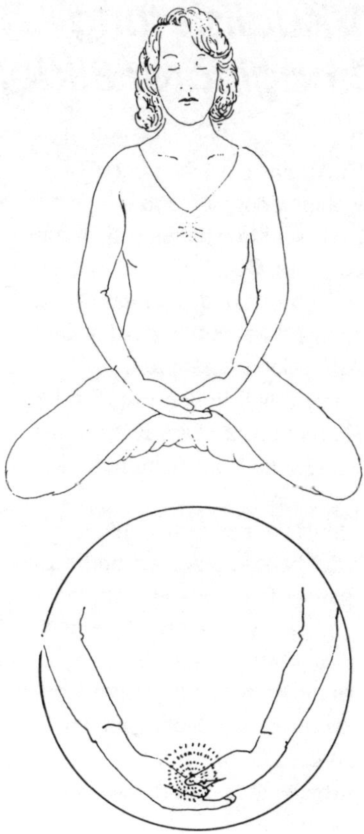

Visualisierung imaginärer Bilder

Benutze bei dieser Technik drei Bilder aus der lebendigen Welt, wobei jedes seine besonderen Eigenschaften haben soll. Wenn du diese Qualität ganz in dich aufnimmst und verinnerlichst, kannst du daraus Kraft für dein Alltagsleben schöpfen.

- Setze dich in den Lotus- oder Halblotussitz. Der Rücken ist gerade, und die Schultern sind entspannt.
- Mache einen OM-Gruß.
- Schließe die Augen und entspanne dich vollkommen, während du zwölf Alpha-Atmungen machst, die du mit den Fingern der rechten Hand zählst. Konzentriere dich dabei ganz leicht auf dein Drittes Auge.
- Mache dann weitere sechs Alpha-Atmungen und visualisiere dabei einen wunderschönen Berg, der wie ein Kegel eindrucksvoll eine weite Ebene überragt.
- Bei den nun folgenden sechs Alpha-Atmungen wird dein Körper immer größer, bis er die Ausmaße des Berges erreicht hat.
- Mache wieder sechs Alpha-Atmungen und spüre, wie du zu diesem Berg wirst, daß du dieser Berg bist.
- Spüre, wie du bei den nächsten sechs Alpha-Atmungen genauso kraftvoll, stark, fest und majestätisch wie dieser Berg wirst.
- Visualisiere bei den folgenden sechs Alpha-Atmungen einen Baum, der fest verwurzelt und würdevoll mitten auf einer großen Wiese steht. Seine Wurzeln reichen tief hinunter in die Erde, und seine Zweige strecken sich bis ins Unendliche.
- Bei den nächsten sechs Alpha-Atmungen wirst du so groß wie dieser Baum.
- Bei den folgenden sechs Alpha-Atmungen nimmst du die Eigenschaften dieses Baumes in seiner Rolle als Glied zwischen Himmel und Erde in dich auf: seine stolze Anmut, seine Kraft und seine Bescheidenheit.
- Visualisiere bei den nächsten sechs Alpha-Atmungen, wie du am Ufer eines Sees sitzt, der vollkommen ruhig, heiter und tief ist.

- Stelle dir bei den folgenden sechs Alpha-Atmungen vor, daß du einen flüssigen Zustand und keine bestimmte Form annimmst und zu diesem See wirst.
- Nimm während der letzten sechs Alpha-Atmungen die Eigenschaften des Sees in dich auf: seine heitere Ruhe, seine dunkle Tiefe und seine widerspiegelnde Unbeweglichkeit.

Mache diese Meditation jeden Morgen zwei Wochen lang, wenn möglich in freier Natur. Nach diesen zwei Wochen wirst du spüren, daß eines der drei angerufenen Bilder dich mehr anspricht und demnach auch mehr deiner eigenen Natur entspricht. Übe ab jetzt mit nur diesem einen Bild weiter, aber halte stets an dem gleichen See, dem gleichen Berg oder dem gleichen Baum in deiner Visualisation fest.

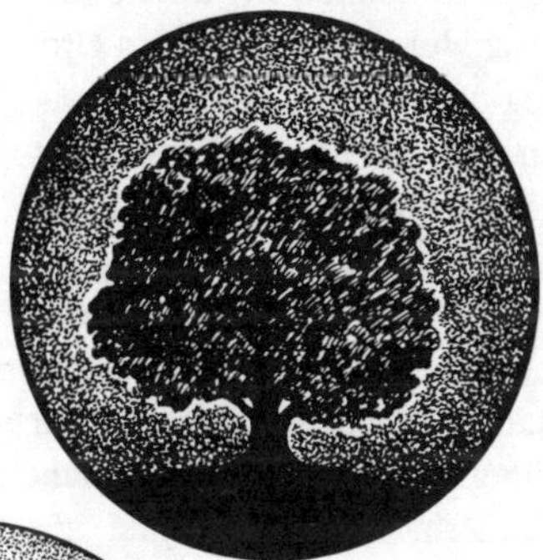

Die grüne Flamme im Herzen

Diese sehr alte Methode öffnet uns den Zugang zur Kraft des psychischen Herzens. Wenn wir diese Übung fünfzehn Minuten lang täglich über drei Monate praktizieren, können wir zu erstaunlichen Ergebnissen kommen: So können wir direkt über unser Herz – und ohne den Umweg über den Verstand – erspüren, was um uns und in uns geschieht. Oder wir können echte Antworten auf unsere Fragen erhalten, was uns große innerliche Ruhe schenkt und andere Menschen anziehen wird. Wir sollten uns deshalb auch nicht wundern, wenn die Leute uns nach und nach zulächeln und sich in unserer Gegenwart einfach wohlfühlen.

Das psychische Herz befindet sich genau in der Mitte der Brust. Berühre es zunächst mit dem Zeigefinger, um es zu sensibilisieren.

- Du sitzt mit geradem Rücken und machst einen OM-Gruß.
- Wiederhole das Mantra AIM zwölfmal, indem du es in deiner Brust schwingen läßt. Die AI-Silbe ist sehr kurz, während der M-Konsonant so lange wie möglich bei geschlossenem Mund gesungen wird.
- Mache zwölf Alpha-Atmungen und stelle dir dabei einen grünen Punkt vor, der mitten in deinem psychischen Herzen schwingt.
- Bei den nächsten zwölf Alpha-Atmungen verwandelt sich dieser Punkt nach und nach in eine Flamme.
- Diese Flamme vibriert während der folgenden zwölf Alpha-Schwingungen mit sanfter Intensität an diesr Stelle.
- Beende diese Übung mit einem OM-Gruß.

Versuche dir, so oft nur möglich, die Existenz dieser Flamme ins Gedächtnis zu rufen, und du wirst sehen, wie wirkungsvoll sie sein kann.

Reinigung des Kopfes

Wenn wir unser Bewußtsein von seinem normalen Ort, dem Hara, auf die mentale Ebene emporsteigen lassen und feststellen, daß unser Gehirn nur noch ein überreiztes Körperorgan ist, sind wir nicht mehr in der Lage, mit Situationen fertigzuwerden, die eine große Aufmerksamkeit, richtiges Hören, Sehen und Empfinden verlangen.

Die folgende Technik ist in dringenden Fällen anzuwenden, wenn wir die Dinge nicht mehr klar erkennen können oder trotz großer Erschöpfung noch etwas leisten müssen.

Versuche, dich etwa zehn Minuten lang irgendwohin zurückzuziehen, und du wirst feststellen, daß diese Zeit ausreicht, um dein Denken wieder "aufzufrischen".

Schließe die Augen und visualisiere eine kleine goldene Kugel, die in deinem Dritten Auge vibriert. Bringe sie dann mit Hilfe deiner Augen zum Kreisen, und lasse sie innerhalb deines Schädels Kreise von links nach rechts beschreiben. Visualisiere diese Kreise als ein goldenes Band um deinen Kopf. Öffne nach etwa zehn Minuten wieder die Augen, behalte das Stirnband im Gedächtnis und kehre zu deiner Beschäftigung zurück.

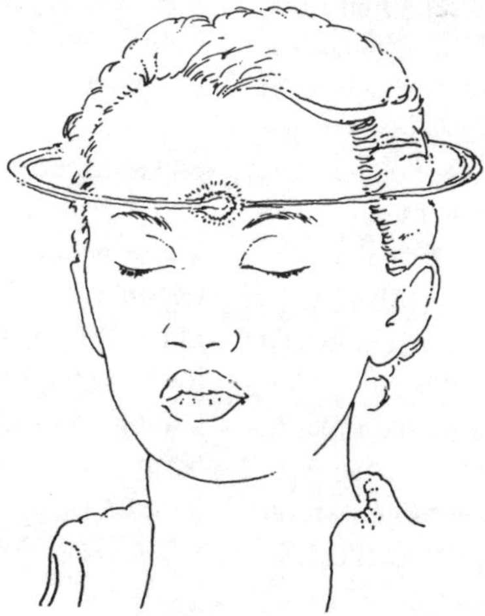

Den Schmerz auf sich nehmen

Wir haben alle die Neigung, ein einziges unserer Körperzentren zu bevorzugen, mit dem wir dann die Wirklichkeit erfahren: Dies kann entweder der Intellekt, das Herz oder der Bauch sein. Diese Tendenz hängt von unserer Erziehung, unserem Sternzeichen, unserer Grundkonstitution und vielen anderen Faktoren ab. Diejenigen, die oft unter Kopfschmerzen oder Migräne leiden, sind mehr zum Intellekt hin orientiert. Sobald diese Personen sehr starken Streßsituationen ausgesetzt sind, empfinden sie diese als Spannung im Gehirn. In der gleichen Situation wird eine auf das Herz ausgerichtete Person so etwas wie Melancholie empfinden, und derjenige, bei dem der Bauch im Mittelpunkt steht, wird Magenschmerzen bekommen.

Diese Spannung ist ein Warnsignal, übrigens das einzige, worüber der Körper verfügt, wenn er uns etwas anzeigen möchte: Dieser Schmerz ist ein Zeichen dafür, daß wir nicht in Einklang mit dem Geschehen sind. Wir tun gut daran, dieses Signal zu beachten, anstatt es beiseite zu scheiben und uns vorzumachen, stark genug zu sein und über solchen Dingen zu stehen. Denn eine solche Haltung ist auf die Dauer schädlich für unser physisches und psychisches Wohlbefinden. Vielleicht könnte es ganz heilsam sein, einmal näher zu analysieren, was eigentlich diesen Schmerz verursacht, oder mit dem Kopf, dem Herzen oder dem Magen zu tun hat.

Doch zunächst ist es angebracht, den Schmerz selbst richtig zu erfahren.

- Setze dich bequem hin, schließe die Augen und empfinde ganz und gar diesen Schmerz, der dich quält. Gib dich ihm völlig hin und konzentriere dich dabei auf seinen zentralen Ausgangspunkt. Werde nun selbst zu diesem Mittelpunkt des Schmerzes, nimm ihn voll in dich auf und bejahe ihn auch gefühlsmäßig. Wenn du einmal den äußersten Punkt an Schmerzintensität erreicht hast, lasse dich gehen, lasse dich ganz von diesem Schmerz einhüllen.

Weine, sobald du spürst, daß dir die Tränen kommen, aber nimm dieses Leiden als ein Geschenk der Natur an. Ohne dieses Leiden kannst du nicht erfahren, was dein Körper gerade erdulden muß.
- Beginne dann, in den Schmerz hinein zu atmen, indem du die eingeatmete Luft an die schmerzende Stelle lenkst. Stelle dir vor, daß du dem Schmerz auf diese Weise frische Luft zuführst, während dein Herz gleichzeitig voll Mitgefühl ist. Nach und nach wird der Schmerz nachlassen und sich im Raum auflösen.

Sollte diese Technik nicht klappen, so liegt der Grund wahrscheinlich darin, daß du einige Mühe hast, deine Spannung voll zu akzeptieren.

Versuche einen Schritt weiterzugehen und frage dich ehrlich, ob du wirklich ohne Spannungen leben und wirklich verstehen willst, woher dieser Streß kommt. Ist dein "Nein" gegenüber einer solchen Situation ganz echt, so steht dir nichts mehr im Wege, deine Haltung zu ändern.

Ein Wort zum Rauchen

Das Problem der Raucher besteht darin, daß sie zu viel rauchen, ohne daß dies ihnen richtig Spaß macht. Solltest du ein solcher Fall sein und aus dieser Situation gerne herauskommen wollen, so setze dich in deiner Meditationsecke hin. Schließe die Augen und visualisiere dich als Nichtraucher. Stelle dir vor, daß du den ganzen Tag nicht rauchst – vom Aufwachen am Morgen bis zum abendlichen Zubettgehen.

Probiere diese Technik an einem Wochenende aus, morgens oder abends, da du so etwas mehr Freiraum hast, um diese Übung zu genießen.

Es muß dir aber klar sein, daß "die Gewohnheit der Lust" dir weiterhin auflauern wird, denn das Unbewußte ist mächtiger als das Bewußtsein. Ich habe einmal zu einem Freund gesagt: "Ich habe immer noch Lust zu rauchen!", und der Freund, der seit einiger Zeit das Rauchen aufgegeben hatte, meinte: "Ich habe auch nach fünf Jahre immer noch

Lust, aber heute sehe ich dies als sehr positiv, und ich weiß auch, daß ich etwas sehr Wertvolles verlieren würde, wenn ich wieder mit Rauchen anfinge!".

Ein anderes Mittel, sich ein übertriebenes Rauchen ohne Genuß abzugewöhnen, besteht darin, die erste Zigarette am frühen Morgen so lange wie möglich hinauszuschieben. Tu dir dabei aber keinen Zwang an: Genieße diese Lust, eine Zigarette zu rauchen, so lange wie möglich, und wenn du dann rauchst, so rauche bewußt langsam und genußvoll. Zähle die Anzahl der Zigaretten, die du im Laufe des Tages rauchst, und stelle am Abend fest, wieviel davon dir wirklich Freude gemacht haben.

Eine Bemerkung zum Geld

Das Geld an sich ist eine objektive Kraft. Was wir dann daraus machen, ist etwas Persönliches, also etwas Subjektives.

Leute, die Geld haben, sind verantwortlich für die Art und Weise, wie sie es ausgeben, sparen oder anlegen.

Hast du nur sehr wenig davon, so bedeutet dies, daß du im Grunde für Dinge lebst, die für dich wichtiger sind als Geld. Hast du aber trotzdem Lust, etwas mehr davon zu besitzen, kannst du folgende Übung ausprobieren (du kannst auch mit der Affirmationstechnik auf der folgenden Seite arbeiten):

- Setze dich an deinen persönlichen Meditationsplatz und mache eine OM-Gruß.
- Die gesamte Übung wird von Alpha-Atmungen begleitet.
- Beginne damit, daß du die genaue Höhe der von dir benötigten Geldsumme festsetzt.
- Visualisiere dann, wie du diese Summe bekommen willst (es ist

klar, daß dieses “Wie” auch den Gegebenheiten der Realität entsprechen muß).

- Visualisiere dann, daß alles so abläuft, wie du es dir vorgestellt hast: Visualisiere dich selbst im Besitz dieses Geldes und spüre, welche Gefühle dies in deinem Körper hervorruft. Fühle dies so, als sei es Wirklichkeit.
- Stelle dir jetzt vor, was du mit dieser Summe machen willst. Laß dir genügend Zeit und stelle dir alles bis in die kleinste Einzelheit vor.
- Wenn du ein Gefühl von Zufriedenheit verspürst, beendest du diese Übung mit einem OM-Gruß.

Versuche auch weiterhin, in deinem täglichen Leben zu spüren, daß sich alles, was du dir vorstellst, tatsächlich verwirklichen wird.

Das Gesetz der Schöpfung

Dieses Gesetz basiert auf der Bibel, und zwar auf der Beschreibung von der Erschaffung der Welt in sieben Tagen.

Erste Stufe: Absicht

Wenn du das bestimmst, was du erschaffen möchtest, sind dabei vier Aspekte zu beachten:

1) Du mußt dir der Tatsache bewußt sein oder daran glauben, daß es etwas gibt, was dein Leben wirklich verbessern kann.
2) Du mußt spüren, daß du tatsächlich Lust dazu hast, deinen Wunsch konkret umzusetzen.
3) Du mußt fest dazu entschlossen sein, etwas zu unternehmen, um auch das zu bekommen, was du dir wünschst.
4) Du mußt dich ganz genau entscheiden, was du als Endergebnis erreichen möchtest.

Zweite Stufe: Bestätigung

Diese Stufe dient dazu, die Kraft des Wunsches abzuschätzen, die deine Wahl auf der ersten Stufe beeinflußt hat. Bist du sicher, daß das angestrebte Ziel auch wirklich dasjenige ist, das du in der Realität erreichen möchtest? Bis du davon überzeugt, daß dein Wunsch diesem Endziel entspricht und daß dieses Ergebnis nicht nur ein Mittel für dich ist, etwas zu erreichen, worauf du spekulierst?

Auf dieser Stufe mußt du die Wahl des von dir gesteckten Ziels bestätigen. Überprüfe dafür genau, ob du damit einverstanden bist, diese Technik anzuwenden, um das zu erreichen, was du willst, und ob es deiner Meinung nach richtig ist, daß du es auch bekommst. Sollte eine der beiden Antworten negativ ausfallen, so ist es ratsam, diese Übung bis zu dem Augenblick nicht anzuwenden, wo jede negative Beurteilung verschwunden ist.

Dritte Stufe: Planung

In dieser Phase mußt du das gewünschte Ergebnis durch Visualisation genau entwerfen. Diese in deiner Vorstellung geschaffene Szene muß zeigen, daß das, was du wünschst, bereits existiert. Entwerfe eine Szene, die durchaus realisierbar ist und in der du eine ganz bestimmte Rolle spielst.

Vierte Stufe: latente Haltung

Deine tief in dir verankerte Haltung ruft ein Gefühl hervor, das sich nachhaltig auf deinen schöpferischen Prozeß auswirkt. Ist diese Haltung negativ, so ist das Risiko groß, daß auch das Ergebnis deiner Anstrengung negativ ist, selbst wenn deine Absichten gut sind. Stelle ohne Beurteilung fest, ob dein Wunsch seinen Ursprung hat in einem Gefühl von Angst, von Abneigung oder Rache, oder etwa aus dem Bedürfnis kommt, andere zu manipulieren oder ihnen zu schaden. Ist dies der Fall, wirst du das bereits Geschaffene zerstören. Eine positive latente Haltung setzt Mitgefühl, Sympathie, Dankbarkeit oder Freude voraus.

Sei aber auch kein heiliger Bernhard. Es ist unsinnig, in das Leben anderer eingreifen zu wollen. Selbst unter positiven Aspekten ist es nicht ratsam, diese Technik für andere zu benutzen. Wenn es dein Ziel ist, eine andere Person beeindrucken zu wollen, ist dies ein falscher Ansatz. Dieser Prozeß möchte es dir lediglich erleichtern, mit deiner wahren Natur Verbindung aufzunehmen, aber nicht dein Ego verstärken.

Fünfte Stufe

Bei den Schritten eins bis vier geht es um Organisation. Auf dieser fünften Stufe heißt es nun handeln! Setze dich hin und schließe die Augen. Suche deine Mitte und entspanne dich soweit wie möglich, aber bleibe dabei ganz wach. Laß die Szene, die du nun in dir geplant hast, wieder vor deinem geistigen Auge vorbeiziehen. Es ist sehr wichtig, daß du in dieser Szene eine bestimmte Rolle spielst und nicht nur von außen zuschaust wie ein Betrachter, der mit dem Ergebnis nichts zu tun hat. Erlebe diese Szene ganz bewußt in der Gegenwart, denn in Vergangenheit und Zukunft kann sich dein Wunsch nicht verwirklichen.

Empfinde die Szene so, als spiele sie sich ganz konkret vor dir ab. Das Gefühl, das daraus entsteht, ermöglicht die Umsetzung, denn durch die hierbei freigesetzten Emotionen wird diese Visualisierung lebendig.

Sei voller Begeisterung bei der Sache, finde das jeweils passende Gefühl und erlebe die Szene mit all deinen Sinnen. Erfahre sie im Detail, berühre, höre und spüre so viel wie möglich von dem, was du kreierst. Es kann natürlich vorkommen, daß einige Personen gewisse Schwierigkeiten beim Visualisieren haben. Laß dich nicht entmutigen – im Grunde zählen die Absichten und die Grundgedanken, nicht aber ein schönes dreidimensionales Bild.

Vergiß nicht, daß diese Vorstellung nur durch deinen Willen existiert und daß sie nur so lange bestehen bleibt, wie deine Absicht es verlangt.

Sechste Stufe: Spiegelung und Überzeugung

Die von dir visualisierte Szene mit ihrem Gefühlsgehalt ist eine Widerspiegelung deines Wunsches. Du siehst die Szene vor deinem geistigen Auge ablaufen.

Wahrscheinlich wird diese Technik, wenn du sie zum ersten Mal anwendest, dir nicht das erhoffte Ergebnis bringen. Dafür spürst du, daß etwas in deinem Innern geschieht, wenn du es mit Gefühlsenergie auflädst. Du gewinnst die Überzeugung, daß das Ergebnis bereits Formen annimmt – und dieses Gefühl ist nichts anderes als das greifbare Ergbnis deines emotionalen Vorgehens.

Siebte Stufe: Mühelosigkeit

Dies ist der Schritt der Nicht-Anstrengung, der Ruhe in einer positiven Erwartungshaltung. Halte deinen Verstand aus allem heraus, was du bis jetzt getan hast, und überlasse es dem Leben, deinen Wunsch in die Tat umzusetzen.

Nachdem das Samenkorn nun gesät ist, folgt jetzt eine Entwicklungszeit. Nachdem der Keim in den Boden gelegt ist, braucht er Ruhe. Er muß sich verwandeln und stärken, denn nach dem Säen kommt stets die Ernte.

4
Energie

Der Mensch hat in seinem innersten Wesen eine direkte Verbindung zum kosmischen Bewußtsein, zum Absoluten, zum Grenzenlosen – alles Namen, die von den großen Weisheitslehren für die stets gleiche Wahrheit benutzt werden.

Dieses innere Wesen oder Zentrum besteht aus mehreren Schichten, wobei jede einer anderen Bewußtseinsebene entspricht; die dichteste und am weitesten entfernte ist die körperliche Ebene.
Bei unseren Reisen durch das Innere unseres Selbst, auf der Suche nach unserem tiefsten Sein, erforschen wir ganz automatisch jede dieser Ebenen, wobei wir bei der grobstofflichsten beginnen, um uns dann zur feinstofflichsten Ebene vorzuarbeiten: dem Ziel eines jeden Suchenden.

Unsere erste Bewußtwerdung betrifft zunächst unseren physischen Körper. Er gewinnt seine Energie aus der Nahrung, und deshalb ist auch die Qualität der Nahrungsmittel so wichtig, die wir ihm zuführen. Für viele Leute ist der erste Schritt auf dem Weg zur Transzendenz ein Interesse an Ernährungsfragen. Damit geschieht eine erste Öffnung: Ich habe einen Körper, und wenn ich vermeiden möchte, daß er schlecht funktioniert, habe ich Interesse daran, ihn gut zu ernähren, d.h. ihm weder zu wenig noch zu viel zu essen zu geben. Nur so kann er auf subtilere Wahrnehmungen reagieren.

Weiter innen im physischen Körper liegt dann der Energiekörper, eine Ebene, wo das Prana strömt: eine im wesentlichen beim Atmen gewonnene Energie, die alle biologischen Lebensfunktionen steuert. Diese Energie ist in ständiger Bewegung, verteilt sich, staut sich an und verwandelt sich. Bei unseren Atemübungen können wir leicht feststellen, wo diese Energie sich staut und dadurch gewisse Blockaden hervorruft, die wir zunächst akzeptieren müssen, bevor wir bewußt in dieser Richtung zu arbeiten beginnen. Das Wissen um unseren eigenen Energiefluß zeigt uns, daß es eine Verbindung zwischen unserem physischen Körper und unserem Geist gibt.

Diese dritte Ebene, der Mentalkörper, hängt von unseren subjektiven Emotionen, von unserem emotionalen Gedächtnis ab. Sie ist, ebenso wie die Qualität unserer Nahrung verantwortlich für unsere seelischen und körperlichen Krankheiten. Bei der Erforschung dieser

Ebene wird uns bewußt, daß die "guten" und "schlechten" Erfahrungen der Vergangenheit im Gedächtnis gespeichert sind, und daß dieses stets unser Denken und Handeln beeinflußt, auch wenn die Umstände heute ganz andere sind.

Jede Veränderung unserer Laune, die Dinge, die uns anziehen oder abstoßen, unsere Innenwelt (im Gegensatz zur realen Außenwelt) bilden diese Ebene der Ich-Identifikation, die nach folgendem Schema funktioniert: Gedanke (oder Empfang einer Information) - Gefühl - Identifikation - physiologische Störung - Reaktion. Keine Spur von Freiheit hier: Der Mensch ist mit einer Kette von Reaktionen gefesselt und wird so zu einer Marionette, deren Schnüre der Geist zieht.

Ich möchte hier nochmals die außerordentliche Bedeutung der Arbeit unterstreichen, die auf körperlicher, energetischer und mentaler Ebene zu leisten ist. Denn ohne die geringste Kenntnis (das Anerkennen) unserer persönlichen, gefühlsmäßigen Funktionsweise ist es sehr schwierig, die Herzensebene zu erreichen, die bereits sehr nahe bei unserer innersten Mitte liegt.

Sobald wir damit aufhören, uns mit den glücklichen oder unglücklichen Ereignissen in unserem Leben zu identifizieren, sobald wir das große Rennen um die Erfüllung unserer Wünsche einstellen, die sich uns ohnehin in dem Maße entziehen, wie wir ihnen näherkommen, haben wir Zugang zur Eigenschaft des Zeugen, treten wir ein in die Welt der Gefühle, die - im Gegensatz zu den Emotionen – einen Weg zur Erkenntnis darstellen. Unser Gefühl einem Ding, einem Wesen oder einer Tatsache gegenüber kommt direkt aus dem Herzen. Es ist frei von physiologischen Störungen und läßt uns heil, denn es akzeptiert die Realität als solche und verbindet sich problemlos mit ihr. Hier werden die Gedanken wieder zum Schweigen, und die wahre Meditation kann beginnen.

Schließlich liegt ganz nahe bei unserer Mitte die subtilste Bewußtseinsebene der kausalen Welt, nämlich die Ebene der Glückseligkeit, die Erfüllung der menschlichen Bestimmung im Kosmos. Der Zugang zu dieser Ebene ist das Vorrecht eines jeden Menschen. Aber hier handeln wir nicht mehr nach unseren persönlichen Impulsen, sondern vielmehr als Antwort auf die Entwicklung des Kosmos, dessen

Gesetzen wir bedingungslos zu folgen haben. Jetzt endlich können wir auch von Freiheit reden.
Schließlich haben manche Menschen noch Zugang zum innersten Zentrum ihres Wesens und transzendieren so ihre menschliche Bedingtheit. Wir nennen sie “die Befreiten” oder “die Erleuchteten”.

Das folgende Kapitel behandelt den Energie- oder Vitalkörper des Menschen, beschreibt den Pranafluß im Körper sowie die Chakren mit ihren spezifischen Eigenschaften. Die vorgeschlagenen Übungen dienen dem Ziel, uns für unseren eigenen Energiefluß zu öffnen und mit unserem Lebenszentrum in Verbindung zu bringen, damit wir wieder unsere eigene Energiequalität erfahren und somit fähig werden, unser Handeln von innen heraus (und nicht mehr von unseren oberflächlichen Emotionen aus) zu bestimmen. Wir arbeiten auch mit Energieübertragungen, um so gewisse Krankheiten zu lindern oder zu heilen. Ferner beschäftigen wir uns mit unserer Möglichkeit, einige Energieformen kennenzulernen, unsere Ausstrahlung mit anderen Wesen auszutauschen und die uns zur Verfügung stehende Energie richtig einzusetzen. Schließlich lernen wir, ein Gleichgewicht herzustellen zwischen dem, was wir tun können, und dem, was wir lassen sollen. Auf diesem Weg der Suche ist es manchmal angebracht, gewisse Leute oder bestimmte Situationen zu meiden, da sie das zarte Gleichgewicht des Herzens in seiner offenen Verletzlichkeit stören könnten.

Unser tägliches Leben ist der beste Rahmen, um Leute zu beobachten oder zu erspüren und ein Gefühl für bestimmte Orte zu entwickeln, mit denen wir jeden Tag zu tun haben. Damit können wir uns klar darüber werden, ob wir durch den Umgang mit ihnen regeneriert und erfrischt oder frustriert und erschöpft sind.

Wenn wir die richtige Wahl zu treffen wissen, werden sich nach und nach unsere Lebensqualität und unser energetischer Austausch im Energiebereich verbessern, und unsere innere Ausstrahlung wird uns immer größere Zufriedenheit schenken.

Die Chakren

Die sieben Chakren sind Energiezentren, die auf bestimmte Bereiche des Körpers und der Psyche Einfluß nehmen. Die Funktion der einzelnen Chakren ist auf der folgenden Seite tabellarisch dargestellt.

Willst du die Funktionsweise der Chakren bei einer Person überprüfen, so lasse sie sich auf den Rücken legen, nimm ein Pendel in die rechte Hand und halte es genau über dem Chakra-Punkt, den du kontrollieren willst; dabei darf das Pendel die Haut nicht berühren. Dreht sich das Pendel im Uhrzeigersinn, so ist die Chakra-Energie positiv. Je größer die vom Pendel beschriebenen Kreise sind, desto größer ist auch die im Chakra enthaltene Energie.

Dreht sich das Pendel dagegen im umgekehrten Sinn, so bedeutet dies eine negative Energie. Je größer die Kreise, desto größer ist die Blockade an diesem Punkt.

Überprüfe auf diese Weise der Reihe nach alle sieben Chakren. Wenn du dabei einige entdeckst, deren Energie schwach oder sogar negativ ist, kannst du sie dadurch wieder harmonisieren, wenn du genau über diesem Punkt dein Pendel mit der rechten Hand in eine Kreisbewegung von links nach rechts versetzt. Lasse das Pendel einige Minuten schwingen und beende die Übung mit einer aufsteigenden Spirale. Prüfe das Ergebnis mittels des Pendels nach.

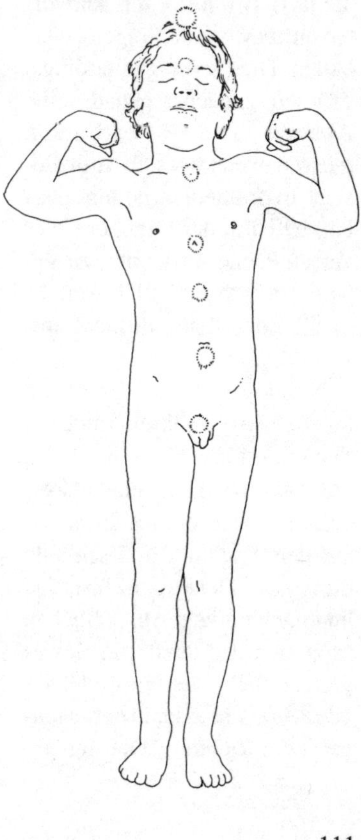

Das Pendel

Bei dem Pendel handelt es sich um ein Instrument, das man auf vielfältige Art und Weise benutzen kann. Wir betrachten es hier nur unter seinem Aspekt als Mittler zwischen unserem Unbewußten und unserem Bewußtsein.

Wir können das Pendel in der Tat dazu benutzen, um Antworten auf bestimmte Fragen zu erhalten. Dies verlangt allerdings, daß wir zunächst genau seine Ausdrucksweise bestimmen müssen, wenn wir selbst mit diesem Instrument arbeiten. Das Pendel ist in der Lage, uns vier verschiedene Antworten zu geben: "Ja", "Nein", "Ich weiß es nicht" oder "Ich will nicht antworten".

Nimm eine kleine Goldkette und befestige an ihrem Ende ein Schmuckstück. Halte die Kette nun zwischen Daumen und Zeigefinger, lege deinen Ellbogen auf den Tisch auf und schließe die Augen. Denke ganz fest "Ja" und nach einigen Augenblicken setzt sich das Pendel in Bewegunges dreht sich entweder im Uhrzeigersinn oder in entgegengesetzter Richtung. Die angegebene Richtung steht für dein Ja. (Es ist durchaus möglich, daß ein Ja einer anderen Person in umgekehrter Richtung kreist).

Wiederhole nun die gleiche Übung und denke fest an "Nein". Das Pendel muß jetzt im umgekehrten Sinn schwingen.

Bei den beiden anderen Antwortmöglichkeiten schwingt das Pendel entweder von vorn nach hinten oder von links nach rechts. Beginne also wieder die gleiche Übung, damit du weißt, welche Bewegung der Anwort "Ich weiß es nicht" entspricht. Kontrolliere dann, ob sich die Antwort "Ich möchte nicht antworten" auch in einer entgegengesetzten Pendelbewegung äußert.
Anschließend kannst du deine Fragen stellen. Sei innerlich ruhig und neutral, atme durch den Bauch und schließe die Augen. Öffne sie erst, wenn du eine deutliche Pendelbewegung spürst, und lies nun die Antwort ab.

In einem ganz anderen Bereich kann ein Pendel die Qualität und die Quantität von Energie an einem bestimmten Punkt angeben. Diese Anwendung wird im folgendem Kapitel im Zusammenhang mit den Chakren erläutert.

Chakra	Körperlage	Folge disharmonischer Funktion
ERSTES CHAKRA Quelle der Lebensenergie	Steißbein, Anus, Geschlechtsorgan	Mangel an sexueller Energie
ZWEITES CHAKRA Kraft im Handeln	Kreuzbein, Darm, Kolon	Mangel an praktischem Handeln
DRITTES CHAKRA Verbindungszentrum der Energie von Erde und Kosmos	Solarplexus Nervosität	Ängstlichkeit
VIERTES CHAKRA Herzzentrum	Herz, Brust, Lungen	mangelnde Akzeptanz
FÜNFTES CHAKRA Zentrum des Ausdrucks	Kehle, Hals Schilddrüse Kieferbereich, Mund	mangelnde Kommunikation
SECHSTES CHAKRA Zentrum der Klarheit	Zirbeldrüse	seine innere Energie nicht spüren
SIEBTES CHAKRA Zentrum des "insight" oder des "satori" oder der unmittelbaren Grunderfahrung der Realität, die weder Worte noch Sinne braucht.	Schädelmitte	sich vom Leben abgespalten fühlen

Energie im Becken spüren

Diese statische Anti-Streß-Haltung und einige damit zusammenhängende Bewegungen haben den Zweck, daß wir unsere Mitte finden und die aus dem Bauch kommende Energie kreisen lassen.

Du stehst aufrecht, die Beine sind gespreizt (etwa in der Breite der Hüften), die Füße zeigen leicht nach innen. Beuge die Knie und ziehe das Gesäß ein. Beuge dich nach hinten, Gesäß, Rücken und Kopf folgen dieser Bewegung. Schaue nach oben. Die Schultern sind entspannt. Hebe die Ellbogen bis auf Herzhöhe und laß die Hände einfach hängen; die Handrücken sind vor dem Herzen einander zugekehrt. Bleibe nun eine Zeitlang in dieser Haltung. Atme durch die Nase ein und durch den Mund aus, wobei die Atmung selbst durch den Bauch geschieht.

Versuche anfangs, diese Stellung drei Minuten zu halten; steigere die Dauer dann langsam bis auf höchstens zehn Minuten.

Wenn du wieder in eine aufrechte Haltung zurückkehren willst, achte darauf, daß du den Körper SEHR LANGSAM bewegst. Sobald du wieder gerade auf den Füßen stehst, beuge dich sehr langsam nach vorne und lasse die Arme locker zum Boden hängen. Bleibe einige Augenblicke in dieser Haltung und richte dich dann wieder auf.

Der Woosoo

Während des Schlafes ist die Lebensenergie in den Organen konzentriert, damit sich die Körperoberfläche und die Muskeln entspannen können.

Praktiziert man den Woosoo kurz nach dem Aufwachen, so bringt dies einen Strom von Energie an die Körperoberfläche. Dieser Prozeß belebt alle organischen Funktionen.

Die Woosoo-Übung wird kurz nach dem Aufwachen im Bett ausgeführt. Du hast am Vorabend eine Schale mit frischem Wasser und einen Waschlappen neben dein Bett gestellt. Sobald du die Augen aufgemacht hast, feuchtest du den Lappen an und fährst dir über den ganzen Körper. Bleibe dabei unter der Decke und befeuchte deinen Körper in dieser Reihenfolge:

Linke Fußsohle;
Oberseite des linken Fußes;
Knie und Bein.

Rechte Fußsohle;
Oberseite des rechten Fußes;
Knie und Bein.

Rücken;
Geschlechtsorgane;
Brust;
linke Hand, Ellbogen, Arm und Achselhöhle;
rechte Hand, Ellbogen, Arm und Achselhöhle.

Nacken und Hals.

Bist du damit fertig, decke dich gut zu und bleibe auf dem Rükken liegen. Die Arme sind entlang des Körpers ausgestreckt und die Handflächen zur Matraze gedreht.

Bleibe fünf bis zehn Minuten in dieser Haltung unter der Dekke und empfinde dabei, was in dir geschieht.

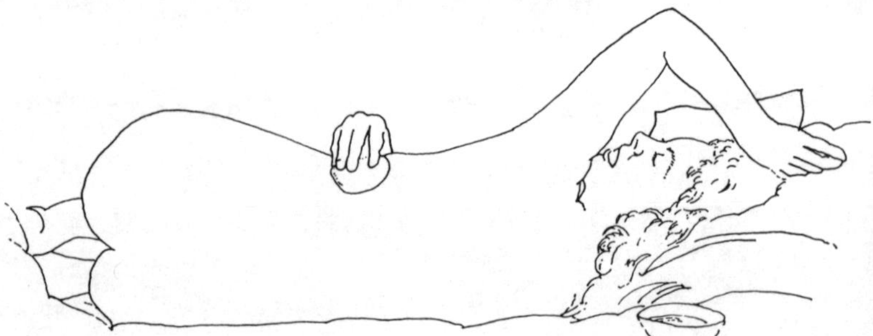

Die Energie des Universums erleben

Die folgende Meditation über die Energie des Universums ist eine der schönsten Meditationen, die Oscar Ichazo im Rahmen seiner Ausbildungskurse angeboten hat. Zur Ausführung dieser Meditation brauchst du die folgende Zeichnung, die ein göttliches Prinzip darstellt.

Diese Zeichnung besteht aus einem Quadrat mit einem Punkt in der Mitte. Am besten zeichnest du dieses Symbol nach; es kann ohne weiteres etwas größer als hier im Buch sein, doch achte darauf, daß die Proportionen gewahrt bleiben.

Eine solche Zeichnung nennt man Yantra, und der schwarze Punkt in der Mitte symbolisiert dein Bewußtsein.

- Stelle oder lege dieses Yantra in deine Meditationsecke und setze dich hin.
- Mache eine halbe Stunde lang Bauchatmungen durch die Nase und fixiere dabei den zentralen Punkt. Versuche, so wenig wie möglich mit den Augen zu zwinkern.
- Wiederhole dies fünf Tage lang, und du wirst dabei eine unbeschreibliche Erfahrung machen, die nur dir allein gehört.

Wenn du später mit dieser Technik weiterarbeiten willst, kannst du das Yantra bunt malen oder einen schwarzen Punkt mitten auf ein Photo, eine Zeichnung, ein Gemälde oder ein Poster zeichnen, das dir besonders gut gefällt.

Du kannst aber auch einen imaginären Punkt mitten in einer Landschaft, die du magst, oder in jeder Szene, die du beobachtest, visualisieren.

Suche kein bestimmtes Ziel, wenn du diese Technik anwendest. Nur der Wunsch, die in deinem Bewußtsein enthaltene Energie zu erfahren, darf dich leiten.

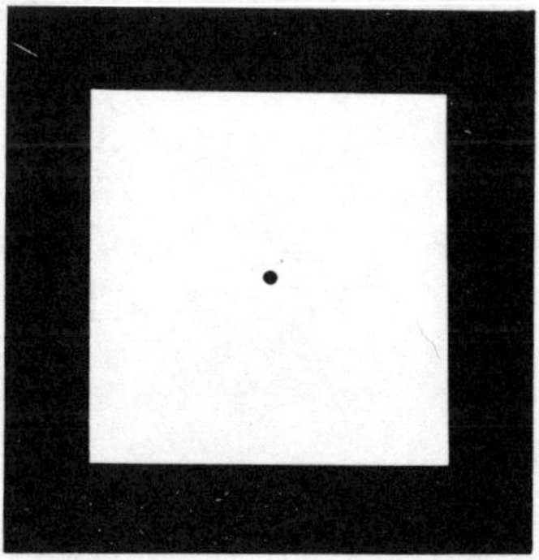

Trespasso

Man sagt, die Augen seien die Pforten zur Seele. Im folgenden nun die Beschreibung einer Technik, Trespasso, die das Ziel hat, den richtigen Umgang mit diesen Pforten zu lehren, um so in Verbindung mit anderen zu treten und unsere Grundenergie zu teilen.

- Suche dir jemanden aus, den du sehr gerne hast und mit dem du nicht in Widerspruch lebst.
- Setzt euch gegenüber und begrüßt die innere Wesensessenz, die euch beiden innewohnt, mit einem OM.
- Schließt die Augen. Wiederholt zusammen neunmal das Mantra OM, das ihr tief in eurem Bauch zum Schwingen bringt. Dieses Mantra ist dann richtig gechantet, wenn jeder die Stimme des anderen hört.
- Singt jetzt immer noch mit geschlossenen Augen lautlos neunmal KLEEM.

Dieses Mantra soll hier zu der Erkenntnis führen, daß die Liebe (das Akzeptieren des anderen) eine Bewegung ist, welche die

gesamte Menschheit durchströmt. Und dein Gegenüber steht hier stellvertretend für alle Menschen.

- Öffnet dann die Augen, singt aber weiter innerlich KLEEM, und schaut ganz starr auf das linke Auge eures Partners, das Auge des Empfangens (das sich von dir aus gesehen rechts befindet). Versucht, so weit wie möglich ein Blinzeln der Augen zu vermeiden, damit sich ein Energiefeld zwischen dir und deinem Partner aufbauen kann.

Macht diese Meditation etwa fünf bis fünfzehn Minuten lang.

Beendet diese Meditation mit einem OM-Gruß.

- Wenn du den Eindruck hast, daß du von der Energie, die zwischen euch fließt, überwältigt und weggetragen wirst, dann drücke dein Erleben nicht mit Worten aus. Verspürst du in dir den Wunsch, laut zu lachen oder in Tränen auszubrechen, dann tue dir keinen Zwang an und lasse allem freien Lauf.

Das Schutz-Ei

Diese Meditation ist vor allem für diejenigen bestimmt, die sich innerlich sehr zerbrechlich fühlen oder die bei Begegnungen und Beziehungen mit der äußeren Welt von psychischen Ängsten erfaßt werden. Durch die hier beschriebene Technik können diese Menschen ein Schutzfeld gegen negative Schwingungen bilden, die von gewissen Personen oder auch einem bestimmten Umfeld ausgehen können.

Führe diese Meditation drei Wochen lang jeden Morgen durch und versuche, während des ganzen Tages das Schutz-Ei immer mehr zu verstärken.

- Du stehst aufrecht und spürst, daß deine Füße fest im Boden verwurzelt sind.
- Du atmest durch die Nase direkt in den Bauch, den du beim Einatmen herauswölbst und beim Ausatmen ganz flach machst.
- Wiederhole zwölfmal das Mantra RAM, wobei du es in deinem Hara widerhallen läßt.
- Visualisiere nun einen goldenen Faden, der, vom HARA ausgehend, durch deinen ganzen

Körper steigt und am Scheitelpunkt aus dem Kopf austritt.
- Visualisiere diesen Faden, wie er aus dem Kopf steigt und wie er, von links beginnend, sich spiralförmig um dich schlängelt und wie ein Ei deinen Körper umgibt.
- Wenn der Faden unter deinen Füßen angekommen ist und deinen Körper vollkommen umgarnt hat, stelle dir vor, daß er zwischen deinen Beinen hochsteigt und zwischen Anus und Genitalien wieder in deinen Körper eintritt, um so zu seinem Ausgangspunkt im Hara zurückzukehren.
- Stelle dir vor, daß dieser Faden ganz eng um deinen Körper gewickelt ist.
- Wenn dieser Faden nun fest deinen Körper umgibt, gehst du etwa fünf Minuten lang in deinem Zimmer auf und ab, um dabei diesen Faden voll zu erspüren und wahrzunehmen, wie deine Sensibilität an der Oberfläche von diesem Ei vibriert.

Du bist jetzt vollkommen geschützt, nichts kann mehr durch diese Maschen schlüpfen.

Vergiß keinen Augenblick, daß dich dieses schützende Ei umgibt, und du wirst eine neue Erfahrung mit deinem Energiekörper machen.

Nach einiger Zeit wirst du selbst so stark daß du dieses Hilfsmittel nicht mehr brauchst, um dich in Sicherheit zu fühlen.

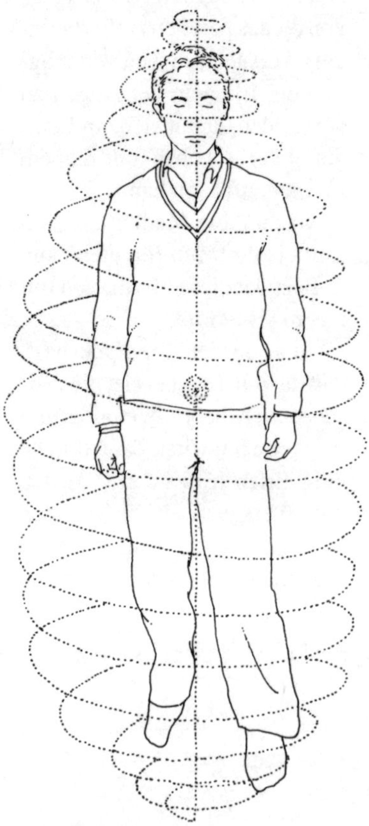

Mache Dir einen Baum zum Freund

Suche dir einen Baum aus, einen, der vielleicht auf deinem Weg zur Arbeit steht, oder einen, der in deinem Garten wächst oder einen, der dir bei deinem Lieblingsspaziergang stets auffällt. Geh auf ihn zu, sprich mit ihm, berühre ihn, umarme ihn. Setze dich neben ihn, laß ihn spüren, daß du ihm nur Gutes tun und keineswegs Schaden zufügen willst. Nach und nach wird sich eine Freundschaft zwischen dir und dem Baum entwickeln, und jedesmal, wenn du dich ihm näherst, wirst du sofort eine Veränderung bei ihm spüren. Du fühlst, wie eine Menge Energie in seiner Rinde fließt. Berühre diese Rinde und du wirst merken, daß er glücklich ist wie ein Kind oder ein Freund. Bist du traurig, so wird er deine Traurigkeit zum Verschwinden bringen; ist er aber traurig und du bist glücklich, kannst du ihn auch glücklich machen.

Du wirst so eine Art von Gleich-

klang entdecken und damit auch das Gefühl, daß die gesamte Schöpfung innerlich zusammenhängt.

Suche dir zum Beispiel einen Stern aus. Lege dich in jeder klaren Nacht auf den Boden und betrachte das Firmament. Sobald dich ein Gestirn besonders anzieht, konzentrierst du dich darauf. Stelle dir vor, du bist ein kleiner See und der Stern spiegelt sich darin.

Finde den Stern, dessen Schwin gung deiner Vibration ähnlich ist. Werde vertraut mit ihm und bald brauchst du nur noch deine Augen zu schließen und schon erscheint dieser Stern. Sobald du ihn wirklich in dir spürst, schaffst du ihm einen Platz unter dem Nabel. Visualisiere ihn an dieser Stelle, und schon bald wird er ständig von hier aus leuchten. Sein Licht wird zu deinem inneren Licht. Dieses Gefühl von Zusammengehörigkeit wird in dir eine große Freude auslösen.

Joggen und Meditieren

Es ist schon viel über den sogenannten "zweiten Atem" der Langstreckenläufer geschrieben worden. Dabei handelt es sich um einen Zustand, der nach der ersten großen Anstrengung auftritt, wenn der Körper mühelos weiterhin seine Bewegung ausführt, während der Läufer selbst zum Beobachter seines eigenen Laufens wird. Jogging ist ein herrlicher Sport, der die biologische Maschine in Gang setzt, das Blut mit Sauerstoff anreichert, die Muskeln arbeiten läßt und so die im Körper abgelagerten Giftstoffe verbrennt. Die Spannungen lassen nach und der Geist wird freier. Anstatt mehrere Dinge auf einmal zu tun – was dann meist zu Streß führt –, konzentriert sich der Läufer hier nur auf eine einzige Sache: nämlich das Laufen.

Ob man alleine läuft oder zu mehreren, Joggen ist stets ein gesunder und natürlicher Sport, der dem Körper zu seinem Gleichgewicht verhilft. Durch Joggen wird uns die Art und Weise, wie wir unseren Körper mißbrauchen, voll bewußt; wir vergiften ihn mit einem Zuviel an Nahrung oder an Ehrgeiz, was dann heftige Entgiftungsprozesse auslöst, die den Organismus auf die Dauer ermüden.

Wer meditiert, ist stets achtsam und rege und paßt sehr wohl auf, nicht in einen solchen Teufelskreis zu geraten. Wenn eine solche Person läuft, so läuft sie aus reinem Vergnügen und nicht, um irgendwelchen Mißbrauch wieder auszugleichen. Sie läuft ganz einfach, um zu sein.

Ein Freund hat mir eines Tages von dem meditativen Wert des Joggings erzählt. Er war durch und durch Sportler, der an allen Wettbewerben teilnahm und natürlich alles versuchte, um seine Leistungen zu verbessern. Er joggte bereits seit fünf Jahren und fand besondere Freude daran, dies mit mehreren Freunden zu machen. Er spürte gerne diese Energie, die zwischen allen Läufern hin- und herfließt. Und eines Tages stellte er fest, daß seine Freunde, und auch er selbst, zu jener Art von Leuten gehörten, die von morgens bis abends ständig beschäftigt waren und

dann noch zusätzlich den Ablauf mit anderen Aktivitäten verbrachten. An diesem Tag wurde ihm bewußt, daß alles, was er tat – arbeiten, sich zerstreuen, laufen – im Grunde nur reine Geschäftigkeit war.
Von diesem Tag an verlangsamte er seinen Lebensrhythmus und widmete sich nur noch der Freude des Laufens. Heute nimmt er weiterhin an Marathonläufen teil, ist aber ganz stolz darauf - zum nicht geringen Erstaunen seiner Freunde -, immer langsamer und langsamer zu laufen!

Andererseits ist er viel effektiver in seiner beruflichen Arbeit geworden, die er nun voll Freude und ganz bewußt ausführt.

Die Freude am Essen

Es folgt nun die Beschreibung einer Meditation, die das Ziel hat, uns empfänglicher für die tägliche Nahrung zu machen, die unserem Körper als Energieträger zugeführt wird.

Wir können ganz allgemein feststellen, daß das Interesse an Ernährungsfragen im Laufe der letzten Jahre zugenommen hat und daß wir immer mehr auf die Qualität der in der Nahrung enthaltenen Energie achten. Für einige Leute ist dieser Punkt so wichtig geworden, daß sie dies mit einer gewissen Freude an der Sache tun und so positive Veränderungen hervorrufen. Dieses Phänomen hängt nicht nur mit unserem Pflichtgefühl zusammen, das ja aufgrund unserer Konditionierung die Möglichkeit der Freude ausschließt, denn was gut für den Körper ist, darf nicht gleichzeitig auch Vergnügen bereiten.

Diese Meditation erkennt einerseits den energetischen Gehalt der Nahrung an, andererseits aber auch die sinnliche Erfahrung damit. Sie führt dazu, daß wir klar unterscheiden zwischen dem, was unser Körper wirklich verlangt, und dem, was unsere gestreßte Seele sich wünscht.

Wir vermeiden somit jede Frustration, denn wir können sowohl die Forderungen des physischen als auch des psychischen Körpers berücksichtigen.
Wenden wir diese Techjnik mindestens zwei Wochen lang an, können wir feststellen, wie sich ein Gleichgewicht zwischen Körper, Psyche und Emotionen einstellt.

Wenn dein Teller vor dir steht, lege sanft, bevor du mit dem Essen beginnst, deine linke Hand in deine rechte. (Bist du in einem Lokal, so kannst du dies diskret unter dem Tisch machen, wenn die sichtbare Geste dich stört. Wenn du der Meinung bist, daß diese Meditation nur zu deinem persönlichen inneren Weg gehört, dann mache diese Geste nur, wenn du alleine bist.)
Betrachte die Nahrung und wiederhole das Tagesbija für jede ihrer Eigenschaften wie Farbe, Form, Geruch oder Wärme.

Betrachte die Leute, deinen Teller, deine Hände, alles, was um dich herum ist. Fange dann mit dem Gefühl zu essen an, daß dies eine ganz gewöhnliche Sache ist.

Weihe diese Mahlzeit der Kraft, die uns alle erfüllt. So wirst du die Nahrung mit Freude und Sinnlichkeit zur dir nehmen und keine Dinge mehr essen, die dir in diesem Augenblick nicht angemessen erscheinen.

Bald wirst du deine Nahrungsmittel ganz bewußt auswählen, ohne aber dabei von einem Extrem – “egal, was ich esse” – in ein anderes – “Strenge ohne Freude” – zu verfallen.

A-O-Meditation eine Welle von Wärme und Lebenskraft

Diese aktive Meditation erweckt die Stelle in unserem Körper, wo unsere Vitalenergie gespeichert ist, und löst so eine Welle von Wärme und Lebenskraft in uns aus.

- Setze dich in den Halblotussitz oder knie dich mit einem Kissen zwischen den Beinen hin.

Wichtig ist, daß du die Bauchgegend ohne Anstrengung leicht bewegen kannst.

- Atme durch den Bauch ein, der während der ganzen Zeit, beim Ein- und Ausatmen, wie aufgeblasen sein soll.
- Halte in deiner Vorstellung Ruderblätter mit geschlossenen Fäusten auf Schulterhöhe und atme ein.
- Atme auf A aus, beuge dich dabei energisch nach vorne und strecke, wie bei einer Ruderbewegung, die Arme aus.
- Atme auf O ein, beuge dich dabei nach hinten und führe deine Fäuste wieder in Richtung deiner Schultern.
- Führe drei Folgen von jeweils zwölf Bewegungen aus, wobei du nach jeder Folge eine kurze Pause einlegst. Versuche, eine gewissen Spannung in deinen Händen zu bewahren und stelle dir vor, daß du auf einer sehr bewegten See mit allen Kräften ruderst, um an Land zu kommen.

Diese Technik macht den Geist leer und erzeugt eine Welle von Wärme im Körper. Sie verstärkt unsere Lebendigkeit. Wir können diese Methode immer anwenden, wenn wir spüren, daß es uns an physischer wie psychischer Energie mangelt.

Besonders wirkungsvoll ist sie vor einer Massage.

1
2
3
4

Der tantrische Tanz

Die Sexualenergie des Kindes durchfließt ganz natürlich seinen Körper vom ersten bis zum letzten Chakra und erfüllt es so mit Lebensenergie.

Wenn wir dann größer werden, lassen wir uns leider dazu konditionieren, dieses natürliche Aufsteigen der sexuellen Energie zu unterbinden, was dazu führt, daß sie zum Stillstand kommt und sich in den Genitalien konzentriert. Dadurch werden wir zu gespaltenen Wesen, da wir von einem Teil von uns selbst abgeschnitten sind.

Mit der folgenden Technik können wir die Beckenbewegung wiederentdecken, die wir ganz spontan im Bauch unserer Mutter gemacht haben. Diese Bewegung bewirkt, daß die Sexualkraft in das oberste, im Gehirn liegende Chakra aufsteigt.

Führe diese Bewegung jeden Abend vor dem Schlafengehen fünfzehn Minuten lang aus.

Wenn du sie nach etwa vierzehn Tagen beherrschst, gibt sie dir ein Gefühl von Leichtigkeit und Euphorie. Damit verbessert sie gleichzeitig deine sexuelle Beziehung und auch deinen Schlaf.

- Setze dich auf einen Stuhl oder auf ein Kissen in den Lotus- oder Halblotussitz (die Stellung auf den Knien mit ziemlich hohem Sitz eignet sich ebenfalls). Es ist wichtig, daß du wirklich bequem sitzt. Schließe die Augen.
- Atme durch den Mund, wobei du den Kiefer gut entspannst.
- Lege während der ersten Bewegungen einen Finger auf den Punkt hinter dem Hals und berühre mit der anderen Hand die Basis der Wirbelsäule (Steißbein).
- Beginne nun folgendermaßen:
- Fülle während des Einatmens deinen Bauch vollkommen mit Luft und lasse deinen Kopf leicht nach hinten fallen.
- Ziehe während des Ausatmens den Bauch ein und lasse deinen Kopf wieder leicht nach vorne fallen. Beim Einatmen öffnet sich der Anus und beim Ausatmen schließt er sich. Damit zwingt er die Energie, nach oben in den Körper zurückzufließen.
- Mache die Übungen anfangs sehr langsam, um so die einzelnen Phasen der Bewegung ganz genau zu erspüren.

Damit dir diese Empfindung leichter möglich ist, kannst du eine Alge visualisieren. Sie wächst am Grunde eines Gewässers und bewegt sich im Rhythmus der Strömung; diese Strömung stellt die sexuelle Energie dar, und die Stelle, wo die Alge verwurzelt ist, entspricht dem Punkt zwischen Anus und Sexualorgan.

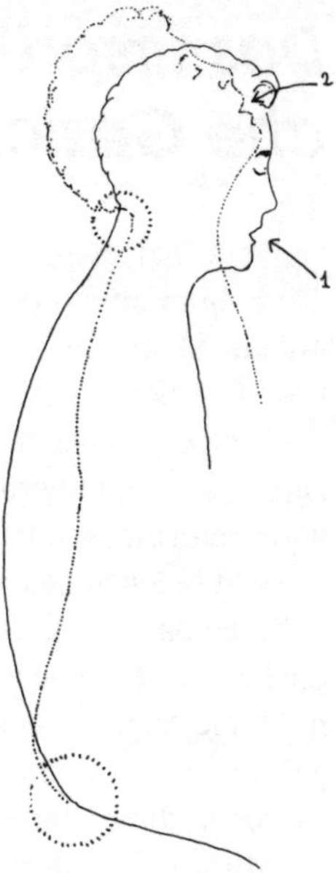

Sobald du diese Bewegung gut beherrschst (sich beim Einatmen nach hinten beugen und wieder nach vorne beugen beim Ausatmen), wirst du spüren, wie die Energie in dir aufsteigt, wie sie deinen Rücken in Schwingung versetzt und manchmal sogar kleine, unfreiwillige Stöße hervorruft. Laß dich ganz in diese aufsteigende Energie gleiten und, sollte sie nachlassen, beginne erneut diese Bewegung. Wenn du dich ganz von dieser Energie ausgefüllt fühlst, bleibe gerade sitzen, schließe den Mund, konzentriere dich auf dein Drittes Auge und entspanne dich.

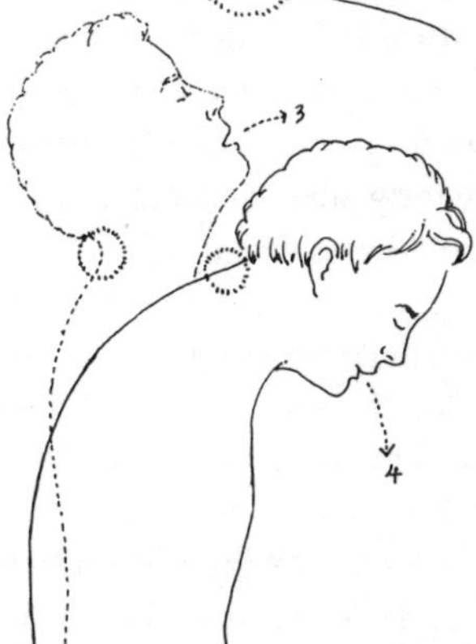

Du kannst dich auch ausstrecken, oder, wenn du den Impuls dazu verspürst, sofort aufstehen und mit irgendeiner Tätigkeit beginnen.

Das ursprüngliche Gesicht

Schließe bei dieser Meditation deine Zimmertür oder ziehe dich in deine Meditationsecke zurück. Lege vor dich einen Spiegel und stelle eine brennende Kerze daneben, die sich allerdings nicht widerspiegeln, sondern nur dein Gesicht beleuchten darf.

Sorge dafür, daß das Zimmer dunkel ist. Setze dich und beginne, deine Augen in deinem Spiegel unverwandt anzuschauen. Versuche, diese Übung etwa vierzig Minuten lang durchzuhalten, ohne mit den Augen zu blinzeln.

Anfangs ist dies ein wenig schwierig, aber nach einigen Tagen müßte es dir gelingen. Sollten dir dabei Tränen kommen, lasse sie fließen und schaue unermüdlich weiter deinen eigenen Blick an, ohne dabei an etwas anderes zu denken.

Nach einigen Tagen stellt sich etwas Seltsames ein: Dein Gesicht verliert seine alte Form, neue Formen tauchen auf, neue Gesichter erscheinen. In Wirklichkeit sind dies alles Masken, die zu dir gehören; es kann aber auch vorkommen, daß eines dieser Gesichter aus einer früheren Inkarnation stammt. Dein Unterbewußtsein kommt an die Oberfläche.

Nach etwa einer Woche erscheint dir dein Gesicht wie eine Bilderfolge bei einem Film. Nach drei Wochen hast du Mühe, dich an dein wirkliches Gesicht zu erinnern, und plötzlich siehst du überhaupt nichts mehr. Der Spiegel bleibt leer. Du siehst diese Leere unverwandt an. Alle Masken sind verschwunden. Schließe nun die Augen und schaue nach innen, wo sich ein neuer Raum deinem Blick darbietet.

Gemeinsam atmen gemeinsam lieben

Der sexuelle Akt erschafft ein Magnetfeld, das aus der Vitalenergie der beiden Körper entsteht. Es handelt sich hier nun nicht um eine moralische Feststellung, sondern einfach um eine Tatsache. Die Liebe oder die Anziehung, die zwei Wesen beim Geschlechtsakt vereint, verstärkt den Energiefluß. Es ist auch eine Tatsache, daß dieser Kraftstrom von den Genitalien ausgeht, dann durch Bauch und Herz hochsteigt und weiterfließt in Richtung Gehirn. In dem Augeblick, wo er ins Gehirn eintritt, wird das Mentale von diesem Energiestoß überschwemmt, was dazu führt, daß die beiden Hirnhälften sich miteinander verbinden und dabei die geistige Fähigkeit ausschalten, die Situation kontrollieren zu können.

Genau in diesem Augenblick können wir mit dem Universum eins werden, mit unserem inneren Kosmos. Wir sind voller Energie, denn jetzt sind wir frei von persönlichen Bezugspunkten und frei von unserer sozialen Identität.

Es gibt also einen Grund dafür, warum der Mensch zu jeder Tages- oder Nachtzeit Lust zum Liebesakt verspürt, während dieses Verlangen bei den Tieren nur zu gewissen Zeiten im Laufe des Jahres vorhanden ist.

Der sexuelle Akt öffnet dem Menschen eine Pforte, die er durchschreiten kann, und jederzeit die Gesamtheit des Universums zu erfahren. Die Anhänger des Tantra sind sich dieser Tatsache bewußt und benutzen sie, um mit der Ganzheit eins zu werden.

Von den tausend verschiedenen Techniken, die sie anwenden, sollen hier zwei vorgestellt werden. Die erste benutzt den Atem, um sich mit dem anderen zu vereinen und die Entstehung eines Magnetfeldes zwischen zwei Energiekörpern zu unterstützen. Die zweite Technik besteht aus der Konzentration auf das Dritte Auge während des Aktes und besonders während des Orgasmus.

Das Dritte Auge ist im Grunde ein Schwarzes Loch, durch das

wir in unseren inneren Kosmos eintreten können. Wenn man sich darauf konzentriert, so stört dies keineswegs den natürlichen Ablauf, denn diese Aufnahmebereitschaft, die Empfänglichkeit, findet sich ja überall in der Natur. In allen Lebenssituationen wirkt diese rezeptive Haltung stets bereichernd für uns und überhaupt für jeden, der sich außerhalb von dieser wunderbaren Energiebewegung fühlt.

Zu zweit atmen

Bist du mit jemandem zusammen, mit dem du diese Anziehungskraft teilen möchtest, so lege dich neben diese Person, schließe die Augen und horche auf ihren Atemrhythmus. Dein Partner muß nicht unbedingt verstehen, was du gerade tust. Sei zärtlich und passe dich genau seiner Atembewegung an. Nimm mit den Lippen, den Händen oder den Geschlechtsteilen körperlichen Kontakt zu ihm oder ihr auf. Dabei ist wichtig, daß du voll entspannt bist und dich nicht mitreißen läßt, ohne weiter auf den Atemrhythmus deines Partners zu achten. Sobald ein Rhythmus auf einen anderen trifft, und die beiden zusammenschwingen, führt dies zu einer ganz natürlichen Beschleunigung des Atems. Mach dir also bewußt, daß sich der Atemrhythmus von selbst beschleunigt oder verlangsamt. Irgendwann wird dich plötzlich der Lebensstrom mit sich fortreißen. Bleibe dabei ganz offen und lasse dich von dieser Energie ganz durchdringen, und atme, wenn sie vollkommen verströmt ist, wieder im gleichen Rhythmus wie der andere. Gib dich ganz deinem Verlangen nach Auflösung hin und tauche in deinen inneren Kosmos ein.

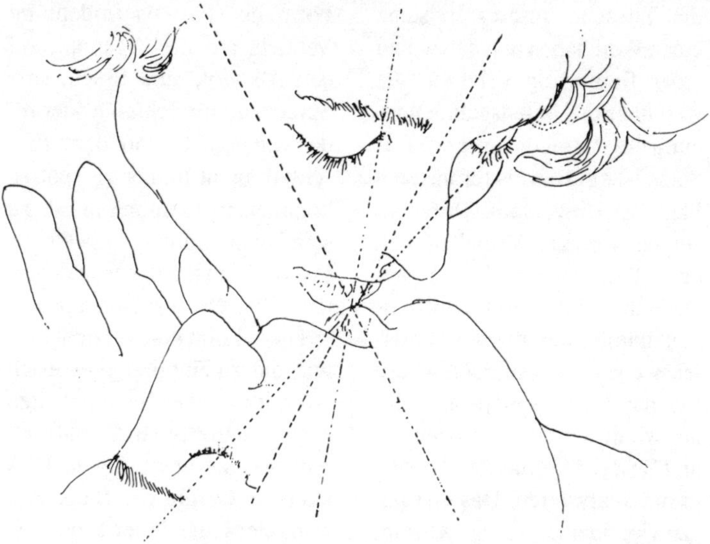

Der innere Blick

Konzentriere dich beim Liebesakt auf dein Drittes Auge. Dadurch werden störende Gedanken aus deinem Kopf vertrieben, und du kannst ganz bewußt im Hier und Jetzt sein. Halte diese Konzentration während des ganzen Aktes aufrecht, denn sie stört dich nicht, läßt dich aber vielleicht wunderbare Dinge erblikken, wie etwa einen sternenübersäten Himmel.

Die Fastenmeditation

Fasten im weitesten Sinne bedeutet eine Ablehnung unserer gewohnheitsmäßigen Kompensation, d.h. der Dinge, die wir in der Absicht tun, uns von der Außenwelt anerkannt zu fühlen, oder auch unserem eigenen Bild zu entsprechen, das wir uns von uns machen. Wir vergessen dabei, daß wir allein schon durch die Tatsache unserer Existenz einen Wert haben und daß wir zu einer Bewegung gehören, die weit über uns hinausgeht. Diese einfache Tatsache unseres Da-Seins ist ein Beweis für unseren Platz im Universum. Trotzdem zeigen wir das Verhalten von unvollkommenen Wesen und versuchen, uns durch Gewohnheiten und zwanghaften Verhaltensweisen zu bestätigen. Diese Mechanismen werden uns klarer, wenn wir unsere Erziehung und unseren kulturellen Hintergrund analysieren. Das Gefühl, "zu viel oder zu wenig" zu sein, äußert sich in allen erdenklichen Kompensationserscheinungen. Wir nehmen Gewohnheiten an, die wir für unerläßlich halten, doch jedesmal, wenn wir uns ihnen unterwerfen, bleibt ein Gefühl der Leere in uns zurück.

Das Fasten gibt uns die Möglichkeit, die Entscheidungskraft eines "Nein" gegenüber unseren automatischen Handlungen zu erproben; denn eine solche Haltung schließt das bewußte Hier und Jetzt aus, führt zu absolut nichts und hinterläßt schließlich ein tiefes Gefühl der Unzufriedenheit in uns.

Jeder kann seine ihm eigene Form des Fastens finden: im Verzicht auf die Zigarette, auf den Alkohol, aufs Essen, aufs Sprechen, aufs Schlafen oder auf den Liebesakt; - in dem Entschluß, nicht immer zu spät zu kommen, nicht immer in Eile zu sein, nicht immer dasselbe zu essen, die im Körper gespeicherten Giftstoffe abzubauen usw.

Diese Form von Verzicht hilft uns, das zu empfinden, wonach wir mittels jener Gewohnheiten suchen, und einmal zu analysieren, was sie uns bringen. Dies kann ein Gefühl von Sicherheit sein oder einfach der Eindruck, anderen gegenüber jemand zu sein. Auf jeden Fall muß man die dabei freiwerdende Grundemotion beachten, denn sie ist von Bedeutung. Nur findet man vielleicht ein natürlicheres, weniger automatisches und weniger zwanghaftes Mittel, um diese Erfahrung zu machen.

Die hier vorgestellte Grundmeditation läßt sich bei allen Formen des Fastens anwenden. Praktiziere sie nicht mit dem Vorsatz, dich radikal verändern zu wollen, sondern zunächst nur, um ihre physische und emotionelle Wirkung zu spüren. Für die Dauer einiger Tage wirst du etwas anderes kennenlernen, und ehe du eine wichtige Entscheidung triffst, solltest du alles aufschreiben, was geschieht und was dir neu und positiv erscheint. Mit diesem schrittweisen Vorgehen hast du größere Chancen für eine positive Veränderung.

Der Entschluß

Bevor du eine Fastenperiode (von drei bis zehn Tagen) beginnst, setze dich still hin und fasse den inneren Entschluß, dieses oder jenes nicht mehr zu tun, wobei du dies ganz persönlich für dich entscheidest.

- Mache einen OM-Gruß.
- Spüre in deinem ganzen Körper den Wunsch zu fasten und gib dir selbst das Versprechen, die von dir festgelegte Zeit einzuhalten, was auch immer geschehen mag.

Visualisiere dich nun am Ende dieser Fastenperiode. Wenn du spürst, daß es in dir noch irgendwelche Widerstände gibt, beruhige sie und rede mit ihnen wie mit einem Kind.

- Wünsche dir von ganzem Herzen die für dich bestmögliche Evolution.
- Mache einen OM-Gruß.

Es ist wichtig, eine dir gemäße Form des Fastens zu finden. Eines Tages forderte ein Meister mich dazu auf, drei Tage lang nicht Dummes zu sagen! Eine Gruppe von Freunden, die sich mit Handlesekunst beschäftigt, verbringt jeden Monat drei Tage und drei Nächte, ohne zu schlafen, um so ihre Sensibilität zu verfeinern. In vielen Klöstern besteht Schweigepflicht. Einige Gruppenleiter geben ihrer Gruppe während des kathartischen Marathons nur Äpfel zu essen.

Es gibt also eine Unzahl von Möglichkeiten, unsere Gewohnheiten zu überprüfen und so wichtige Schritte auf dem Weg zur Selbsterkenntnis zu machen.

Neue Kraft durch Farben

In der folgenden Tabelle entspricht jede Farbe einem inneren Zustand.

Wenn du eine bestimmte Eigenschaft in dich aufnehmen und in einer besonderen Lebenslage wieder nach außen ausstrahlen möchtest, benutze folgende Technik:

- Bemale zunächst einen Karton mit der gewählten Farbe und setze dich dann in deine Meditationsecke.
- Mache einen OM-Gruß, schließe die Augen und führe einige Alpha-Atmungen aus.

- Singe dann zwölfmal das Mantra AUM (aoomm).
- Öffne die Augen und konzentriere dich auf die Farbe, die du dann beim Einatmen in deinen ganzen Körper einströmen läßt.
- Atme so etwa eine halbe Stunde lang.
- Beende diese Übung wieder mit einem OM-Gruß.

Konzentriere dich mindestens drei Tage auf die gleiche Farbe, es kann aber auch länger sein.

Du kannst bei dieser Übung zusätzlich Kleider in derselben Farbe tragen, was deren Wirkung noch wesentlich erhöht und den ganzen Tag andauern läßt.

FARBEN	INNERER ZUSTAND	FARBEN	INNERER ZUSTAND
Lachsrosa	Liebe	Himmelblau	Klarheit
Indischrose	Glück	Ultramarinblau	Beherrschung
Zinnoberrot	Stärke	Kobaltblau	Mut
Bordeauxrot	Vitalität	Stahlblau	Dynamik, Durchsetzungskraft
Orange	Begeisterung	Hellgrün	Unabhängigkeit
Gelb	Sympathie	Flaschengrün	Sicherheit
Dunkles Ocker	Aufrichtigkeit	Türkisgrün	Ordnung, Methode, Routine
Helles Senfgelb	Wahrheitsliebe	Dunkles Apfelgrün	Innere Ruhe
Rote Punkte auf weißem Grund	Einvernehmen mit sich selbst	Helles Lavendelblau	Aktivität
Dunkelviolette Punkte auf weißem Grund	In der Mitte ruhen	Dunkles Lavendelblau	Orientierungssinn
Schwarze Punkte auf weißem Grund	Im Einklang und Rhythmus sein	Purpur, Dunkelviolett	Seine Umgebung durch Leistung für sich gewinnen
Weiß	Freude, Inspiration		

Lach-Meditation

Wenn du am Morgen aus dem Schlaf erwachst und die Augen noch geschlossen sind, rekelst du dich zwei oder drei Minuten wie eine Katze und streckst jeden Muskel aus.

Versuche dann, bei immer noch geschlossenen Augen etwa fünf Minuten zu lachen.

Am Anfang wird dieses Lachen noch etwas verkrampft sein, aber schon nach einiger Zeit entsteht daraus ein frisches, echtes Lachen.

Wenn dieses Lachen abgeklungen ist, setzt du dich aufrecht und spürst etwa fünf Minuten lang der Energie nach, die in deinem Körper strömt.

Es ist sicherlich für die meisten von uns ungewöhnlich, am frühen Morgen schon in Lachen auszubrechen. Deshalb braucht diese Technik auch eine gewisse Anlaufzeit. Dann aber wird das Lachen ganz spontan und verändert gleichzeitig auch unsere Lebensqualität: Wir fühlen uns leicht und beginnen den neuen Tag in guter Laune.

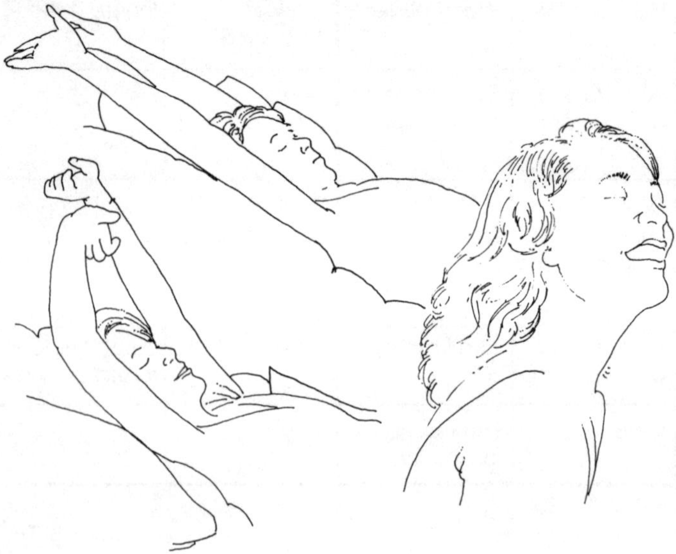

5
Therapeutische Meditationen

Die Auswahl der in diesem Kapitel beschriebenen Technik stammt aus dem Bereich der humanistischen Psychologie. Diese in den USA in den sechziger Jahren entstandene Bewegung stellt den Körper und die Emotionen in den Mittelpunkt einer Reise zu den verschiedenen Bereichen unseres Unterbewußtseins.

Die humanistische Psychologie ist in der Tat der Meinung, daß der Körper der beste Ansatzpunkt zu einer therapeutischen Arbeit sei, da die Blockade und die traumatischen Erschütterungen eine mehr oder minder deutliche Spur im Bereich des Körpers und in unserem Verhalten hinterlassen.

Folgt man diesen Spuren, kann man in unser Unterbewußtsein vordringen, das als eine Art zweites, unvollständiges Ich angesehen werden kann; allerdings ist es dem bewußten Ego untergeordnet. Durch diesen Zugang zum Unterbewußtsein kann man, wenn auch nicht ganz ohne Mühe, erfassen, was sich auf dieser Ebene abspielt, und die tiefe Ursache für physiologische und gefühlsmäßige Strömungen verstehen, die unser Alltagsleben beeinträchtigen.

Um diese Ziele zu erreichen, benutzt die humanistische Psychologie verschiedene Techniken, beispielsweise die Bioenergetik, die das Ziel hat, die Wechselwirkung zwischen dem sympathischen und dem parasympathischen Nervensystem zu stärken (der Sympathikus regelt das Handeln, das Abbauen angestauter Energie und Emotionen wie Wut oder Agressivität; der Parasympathikus regelt dagegen das Ausruhen, die Erneuerung ausgegebener Energie und Emotionen wie Angst, Schmerz oder Melancholie). Die Bioenergetik ist dann sehr wirksam, wenn es uns gleichzeitig sehr schwer fällt, aktiv zu werden und tief und gut schlafen zu können (beide Systeme hemmen sich gegenseitig).

Die Gestalttherapie benutzt als eine Art "Theater des Ego" den verbalen Ausdruck des inneren Dialoges, um so seine Widersprüche aufzuzeigen. Dann nimmt sie wieder den gleichen Dialog auf und verwendet eine positive Form des Ausdrucks, die keine negative Beurteilung mehr enthält.

Diese Bewegung wendet auch die Technik der De-Hypnose an, um auf die Symbolik des Unterbewußtseins und die Vorstellungswelt einzuwirken, daß die Wurzeln des emotionalen Spiels an die Oberfläche kommen.

Zusammenfassend kann man sagen, daß alle diese Techniken, von der Bioenergetik, Massage und Gestalt zu Atem- und Entspannungsübungen das Ziel haben, den Ausdruck unserer Grundemotionen zu unterstützen, ganz gleich, ob es sich dabei um Angst, Freude, Traurigkeit, Wut, Scham oder sonstiges handelt. Solche Techniken erleichtern die Verbindung zwischen diesen Emotionen und den Erinnerungen, den Bildern, die wir damit verknüpfen. Dadurch können wir dann die Entstehung von Problemen besser begreifen, die uns müde, gestreßt, verbittert und enttäuscht machen.

Wenn wir von diesen inneren Widersprüchen einmal befreit sind, können wir auf allen Ebenen kreativ werden, d.h. wir haben die Möglichkeit, kraftvoll und harmonisch zu sein, so daß wir unsere Wünsche im Leben verwirklichen können (ganz gleich, ob es sich um das neueste Modell einer Videokamera oder um die Erziehung unserer Kinder handelt!).

Heute öffnet sich die humanistische Psychologie immer mehr den "Einweihungen als Therapie"; diese fügen den abendländischen Psychotechniken östliche Elemente hinzu, die eine Verbindung mit der Kraft herstellen sollen, die uns belebt und nährt. Man begnügt sich also nicht mehr damit, Körper und Psyche des Menschen in ein Gleichgewicht zu bringen, sondern man versucht auch, ihn für die Lebensenergie und für die Begriffe wie "Aufgeben" oder "Empfangen" aufnahmebereit zu machen. Dies geschieht, weil die Erfahrung gezeigt hat, daß der Mensch nach dieser Arbeit an sich selbst ohne Problematik und in der Einzigartigkeit seines Seins dasteht. Vor diesem Gefühl der Einsamkeit mag er jedoch erschrecken und seine Probleme dieser Leere vorziehen.

Wir werden daher mit Hilfe unseres Körpers an unseren Grundemotionen arbeiten, an unserem Verhalten gegenüber unseren unbewußten Widerständen, an der Umwandlung unserer negativen Gedanken in positives Denken und an dem Unterschied zwischen Subjektivität und Objektivität. Am besten liest du jede der hier beschriebenen Übungen durch und wählst dann die dir entsprechenden aus. Die Übungen, die dir gefühlsmäßig nichts sagen, läßt du im Augenblick außer acht, doch diejenigen, die dich anziehen oder abstoßen, sind a priori auszuwählen.

Die Bewußtseinsebenen

Es ist eine Illusion zu glauben, daß sich unser Weg von dem Weg anderer unterscheidet. Alle Menschen haben die gleiche Reise zu unternehmen und die gleichen inneren Hindernisse zu überwinden.

Da der Mensch ohne Bewußtsein auf die Welt kommt, muß er dieses im Laufe seiner Evolution entwickeln. Diese schwierige Aufgabe müssen wir alle erfüllen, und der einzige Trost auf dieser Reise ist die Feststellung, daß wir alle den gleichen Weg zurücklegen müssen. Einige sind schon weiter auf diesem Weg als wir, andere noch weit zurück, doch wir haben alle dasselbe Ziel.

Der Mensch wird erst dann einzigartig, wenn er erwacht, wenn er fähig wird, seine Illusionen und seine Projektionen der Realität zu erkennen, wenn er in der Lage dazu ist, den gegenwärtigen Augenblick in all seiner Vollkommenheit zu akzeptieren.

Im folgenden nun eine analytische Methode, die in aller Einfachheit die Etappen auf dieser Reise beschreibt. Es handelt sich dabei um die verschiedenen Bewußtseinsstufen, die uns helfen sollen, unseren jeweiligen Platz auf dem gemeinsamen Entwicklungsweg zu bestimmen.

Erste Stufe: der Glauben

Glauben hat im Grunde mit echten Erfahrungen wenig gemeinsam. Vielleicht gibt er uns Hoffnung, was wiederum positiv ist, wenn wir wissen, daß diese Hoffnung nur Illusion ist. Eine Glaubensvorstellung ist etwas, was wir für wahr halten und was unsere Furcht vor dem Unbekannten überdeckt. Wir können beobachten, daß wir an vieles glauben und uns damit in Sicherheit fühlen. Wir sind darin wie Kinder, die alles annehmen, was die Erwachsenen ihnen sagen, weil sie so das Gefühl haben, Teil ihrer Umwelt zu sein. Das Problem ist nur, daß wir diese Glaubensvorstellungen als Erwachsene noch unbewußt beibehalten und dann traurig, verärgert, enttäuscht und deprimiert sind, wenn diese plötzlich mit der Wirklichkeit konfrontiert werden.

Versuche in diesen Augenblikken zu verstehen, daß du dich vielleicht wegen dieses plötzlich zerstörten Glaubens so unwohl fühlst. Erinnere dich daran, daß dieser nichts mit dir selbst zu tun hat, daß du ihn dir eines Tages, als du ihn brauchtest, nur ausgeliehen hast. Wenn du deine eigenen Erfahrungen verwendest, um dein Handeln zu lenken, wirst du weniger oft unter dem Schmerz der Desillusionierung leiden.

Zweite Stufe: die gesellschaftlichen Spielregeln, Dogmen und die Verträge

Hier benutzen wir die von der Gesellschaft und deren Institutionen festgelegten Spielregeln, um Verträge zu machen, nach dem Motto: Wenn du dies für mich tust, mache ich jenes für dich. Auf der Ebene des Bewußtseins gibt es hier normalerweis kein Problem; nur kann es schon mal vorkommen, daß wir unbewußt Verträge mit anderen oder mit uns selbst schließen, die in Wirklichkeit gar nicht dem entsprechen, was wir im Grunde sind (und auch nicht dem, was der andere ist).

Wenn du manchmal Scham empfindest, versuche herauszufinden, ob du nicht vielleicht ein Versprechen gegeben hast, das du nicht halten konntest oder nicht erfüllen kannst. Bist du wütend, so hängt dies sicherlich damit zusammen, daß eine andere Person deinen Erwartungen nicht entsprochen hat. Definiere ganz genau, was du erwartest, und akzeptiere die Realität. Verzeih dir und auch dem anderen, gib aber in Zukunft keine Versprechen mehr, die du nicht halten kannst, und verlange auch nichts Unmögliches von anderen. Versuche stets bewußt zu sein, damit du solche Irrtümer vermeidest.

Dritte Stufe: die Phantasievorstellungen

Wir erreichen diese Stufe, sobald wir gesellschaftlichen Erfolg haben: Wir haben die Dogmen und Regeln dieser Gesellschaft brav angewandt, um einen gewissen materiellen Reichtum oder eine soziale Stellung zu erreichen, um die man uns beneidet. Jetzt geht unsere Suche weiter, und nun steht unser Wunsch im Vordergrund, unsere inneren Phantasievorstellungen zu verwirklichen. Wir fühlen uns stark, brauchen niemanden und besitzen eine bestimmte Form von Macht.

Doch obwohl wir eine Phantasievorstellung nach der anderen verwirklichen können, sind wir innerlich unzufrieden: Unser Ego, (d.h. das Bild, das wir von uns selbst haben) möchte immer mehr und fordert immer stärker die Verwirklichung unserer Phantasmen. Nach einer Phase wilder Geschäftigkeit und kurz aufflakkernder Genugtuung, die jedoch niemals unseren Wesenskern berührt, wird uns bewußt, daß diese kurzlebigen Freuden nie unsere innere Leere ausfüllen können.

Das Bedürfnis nach einer Form von innerer Zufriedenheit ist etwas ganz anderes. Wir müssen diese beiden Kräfte, innere Evolution und Befriedigung unserer Wünsche, ganz klar voneinander trennen.

Setze dich in deinem persönlichen Raum hin, beginne mit einem OM-Gruß und dann mit einigen Alpha-Atmungen. Laß deine Phantasievorstellungen sich entwickeln und an die Oberfläche steigen. Sie können ganz verschiedener Art sein und mit Sexualität, Kauflust oder einem Machtbedürfnis zusammenhängen. Laß sie in dir aufsteigen, ohne sie zu beurteilen. Schreibe sie auf, wenn du den Wunsch dazu verspürst.

Wähle dann eine der Phantasien aus, am besten diejenige, die dir am stärksten erscheint, und spiele sie in deiner Einbildung ganz durch, bis du das gewünschte Ergebnis erreicht hast. Nichts ist unmöglich! Verbinde dann das Gefühl, das von dieser Wunschbefriedigung ausgeht, mit deinem Körper und sieh es dir an. Entspricht es deinem inneren Bedürfnis? Oder ist es nur eine Form von Kompensation? Wie lange hält diese Zufriedenheit an? Mit dieser Meditationsübung wirst du die wahre Natur deiner Phantasien erfahren. Vielleicht kannst du dich damit begnügen, sie mit Hilfe deiner Vorstellung voll durchzuspielen und so die Anziehung mildern, die sie auf dich ausüben.

Vierte Stufe: die Theorien

Diese Bewußtseinsebene tritt auf, wenn wir uns der Tatsache bewußt geworden sind, daß auch das Durchleben unserer Phantasien keineswegs unsere tiefen Bedürfnisse befriedigen kann.

Wir brauchen nun eine rationelle Motivation, um unseren Weg weitergehen zu können. Alle Lehrmeinungen, Philosophien und Denksysteme versuchen das "Warum" der Dinge des Lebens zu klären. Diese Theorien sind gewiß sehr nützlich für denjenigen, der sie aufstellt, und zeugen auch von der Erfahrung dieser Person. Aber es handelt sich dabei immer nur um Leihgaben von anderen, die unsere Enttäuschung zudecken sollen. Theorie gibt es überall.

Versuche bei deiner Lektüre oder bei Gesprächen, zwischen gemachten Erfahrungen und Denksystemen zu unterscheiden.

Habe auch keine Angst, sie beim Namen zu nennen: Dies ist eine Theorie, das entspricht einer Erfahrung. Achte darauf, daß du sie nicht benutzt, um bestimmte Enttäuschungen als Folge von Fehlhandlungen zu tarnen Vergiß nicht, daß Erfahrungen Realität sind und dich leiten können.

Wenn du sie in ihrer Gesamtheit erlebst und verstehst, brauchst du nichts mehr bei anderen auszuleihen, um das "Warum" deiner Enttäuschung zu analysieren und sie damit zu rechtfertigen.

Fünfte Stufe: die Desillusion

Diese Stufe erreichen wir, wenn wir feststellen, daß unser Glauben, unsere Phantasievorstellungen (ob verwirklicht oder nicht) und unsere Theorien uns nicht die erwartete Zufriedenheit bescheren können. Wir werden nun leicht zynisch, verbittert, möglicherweise sogar verzweifelt und vereinsamt. Jetzt ist der Zeitpunkt gekommen, wo einige von uns eine therapeutische Hilfe suchen, um sich so ihre inneren Mechanismen bewußtzumachen. Vorher sind sie von der Befriedigung ihrer illusorischen Wünsche so weit wie nur nöglich entfernt gewesen.

Um die Stufe richtig erleben zu können, müssen wir im Herzen ein Gefühl haben, das zu akzeptieren, was gerade geschieht, und diese so wertvolle Botschaft nicht abzulehnen. Wir müssen in einen Zustand gelangen, uns selbst voll und ganz zu verstehen und auch den Schmerz anzunehmen, der mit dieser großen Desillusionierung einhergeht. Nimm dir Zeit, diesen so wesentlichen Kummer wirklich zu erfahren.

Wenn ein Teilnehmer an einer Therapiegruppe feststellt, daß sein Handeln ihn nirgendwo hingebracht hat, geben ihm die anderen eine emotionelle Hilfestellung. So kann diese Person spüren, daß es durchaus normal und natürlich ist, sich traurig und entmutigt zu fühlen. Denn dies ist der einzige Weg, reifer zu werden und zu erwachen. Wenn wir diesen Kummer nicht akzeptieren, werden wir erneut den Versuch machen, ihn mit einer Illusion zu lindern. Durchlebe deinen Schmerz und spüre ihn – –nur zerstörte Träume helfen uns zu wachsen und reifer zu werden.

Sechste Stufe: selbstmörderische Panik

Auf dieser Stufe verlieren wir jede Hoffnung und eine schreckliche Todesangst erfaßt uns. Diese selbstmörderische Panik bedeutet aber auch gleichzeitig, uns dessen bewußt zu sein, daß ein Teil unseres Ichs im Begriff ist, zu sterben, weil es nicht mehr weiterleben kann. In diesem Augenblick setzt die Versuchung der Droge, des Alkohols oder anderer Mittel zur Selbstzerstörung ein. Jeder von uns hat diese Panik schon einmal erlebt, denn sie gehört einfach zu unserer Evolution dazu.

Jetzt sind wir bereit, die Wirklichkeit als solche zu erfahren, denn symbolisch liegt ein Teil unserer Vergangenheit – das, was wir zu sein glaubten – im Sterben. Wenn du dich stark genug fühlst, nutze diese Zeit und ziehe dich ein wenig aus der Welt zurück. Überlasse dich ganz, und mit viel Verständnis für dich selbst, diesem psychischen Tod, damit du dann für die Wirklichkeit wiedergeboren werden kannst. Es geht dabei ums Loslassen: Öffne deine Hände und laß fallen, was du so fest in deinen Fäusten hältst – denn nur leere Hände können das ergreifen, was deine Situation positiv verändern kann.

Siebte Stufe: Schuld und Karma

Auf dieser Stufe machen wir die Erfahrung, daß wir im Grunde genommen geschlafen haben.

Wir betrachten unsere Vergangenheit mit einem Schuldgefühl, doch wir müssen diesen Augenblick voll akzeptieren.

Achte Stufe: Weisheit

Wir ziehen nun die Lehre aus allen Erfahrungen unserer Vergangenheit. Anstatt nun beim Gedanken an die Dinge, die wir früher versäumt haben, zu verzweifeln, benutzen wir diese nun als Werkzeug.

Wir befreunden uns mit dem Gedanken, daß alles, was zur Vergangenheit zählt, zu einem notwendigen Prozeß gehört, der uns bis hierher führen sollte. Deswegen gibt es auch keinen Grund, etwas zu bedauern oder Gewissensbisse zu haben: Unser Herz ist vielmehr von Dankbarkeit erfüllt.

Bevor wir nun zur letzten Stufe übergehen, möchten wir darauf hinweisen, daß es durchaus möglich ist, sehr schnell von der fünften zur achten Stufe überzugehen. Denn dies ist auch nur eine Frage der Akzeptanz. Gutes und Schlechtes gehören nun einmal zum Leben dazu. Wollen wir das Böse verleugnen, so verstrikken wir uns nur noch mehr darin, und dies macht uns unbewußt und schläfrig. Jeder Versuch, uns um jeden Preis wohl zu führen, ist nur ein Trick unseres Verstandes. Der Weg zu echter Freude führt nur durch das tiefe Durchleben des Schmerzes. (Eine solche Haltung hat allerdings nichts zu tun mit dem in unseren Religionen so oft gebrauchten Begriff der Erlösung durch das Leiden, denn hier gibt es kein Schuldgefühl. Diese Einstellung hat mit dem klaren Willen zu tun, bewußt die verschiedenen Etappen unseres Evolutionsweges zu durchlaufen.) Versuchen wir, uns während dieser so schwierigen Augenblicke soweit wie möglich zurückzuziehen und voll zu akzeptieren, was in unserem Inneren geschieht. Denn jetzt bleibt nichts mehr zu tun, denn wir haben ja bereits alles versucht...

Stufe Null: die objektive Wirklichkeit

Die objektive Wirklichkeit leben bedeutet, die Ereignisse im Leben voll und ganz zu akzeptieren. Solange wir die Tatsache ablehnen, können wir niemals mit dem Strom des Hier und Jetzt fließen. Dies ist ganz unmöglich. Denn es gibt nur eine Wirklichkeit: nämlich das, was tatsächlich war und das, was tatsächlich ist. Dieser Wirklichkeit können wir uns nicht entziehen! Wenn du diesen Bewußtseinszustand erreichen willst, kannst du unter anderem folgende Technik anwenden, die "objektiv/subjektiv" genannt wird.

Wähle irgendein Ereignis aus deinem Leben, um es zu testen. Nehmen wir zum Beispiel unsere erste sexuelle Erfahrung. Sie hat uns alle stark geprägt, weil wir sie erlebt haben mit dem ganzen Gewicht unserer Erziehung, unseres Glaubens, unserer Phantasievorstellungen.

Das Ziel dieser Übung ist die Unterscheidung zwischen einer romantisch-gefühlsbetonten Interpretation dieses Ereignisses, d.h. seiner subjektiven Seite, und seinem objektiven Aspekt, der sich nur auf die realen Fakten bezieht.

Diese Technik ist ein augezeichnetes Mittel, unsere eigene Projektion bei dieser Erfahrung zu analysieren und auch zu sehen, in welchem Maß wir unbewußt ihren subjektiven Anteil immer noch mit uns herumtragen.

- Setze dich in deine Meditationsecke, nimm Bleistift und Papier oder auch, wenn dir dies lieber ist, ein Tonbandgerät.
- Wähle ein Ereignis aus deinem Leben aus, das du klarer sehen möchtest.
- Beginne nun, dieses Ereignis ganz subjektiv, schriftlich oder mündlich zu beschreiben. Sprich von deinen damaligen Ünerzeugungen, deinen vorgefaßten Ideen, deinen Hoffnungen, deinen Emotionen, deiner romantischen Seite usw. Versuche alle deine Empfindungen in deiner Erzählung wiederzugeben, so als würdest du sie einem sehr engen Freund berichten.

Wenn diese subjektive Erzählung beendet ist, nimm dir Zeit, dich in einen Zustand verstandesmäßiger Klarheit zu versetzen und beginne, das gleiche Ereignis erneut zu erzählen, wobei du dich jetzt allerdings nur an die reinen Fakten hältst. Stelle dir vor, du wärst hinter einem von einer Seite durchsichtigen Spiegel und beschreibst, was sich auf der anderen Seite abspielt. Schildere die Szene so, als wären die beiden handelnden Personen dir unbekannte Schauspieler.

- Beschreibe ihr Handeln ganz formal und nicht gefühlsmäßig, und achte vor allem auf jedes Detail.
- Lies oder höre am folgenden Tag die beiden Berichte, und stelle ohne Beurteilung fest, worin die Unterschiede zwischen der subjektiven und der objektiver Betrachtung bestehen.

Das Ziel dieser Übung besteht keineswegs darin, jedem Ereignis seine emotionale Seite abzusprechen. Es geht vielmehr darum, uns von jenen störenden Elementen zu befreien, die wir ständig im Leben wiederholen und die uns schließlich in unserem Handeln beeinträchtigen.

Du kannst diese Technik für alle Ereignisse anwenden, die in dir ein Gefühl von innerem Widerspruch hinterlassen haben. Diese Art und Weise, zwei verschiedene Darstellungen einander gegenüberzustellen, hilft uns dabei, deren Informationsgehalt klar darzustellen:

Glauben

Ein Mann kommt auf ein Polizeikommissariat und meldet das Verschwinden seiner Frau.
Der Polizist nimmt ein Formblatt und fragt den Mann nach ihrem Namen, Vornamen, Adresse usw. Schließlich möchte er wissen:
- "Wann haben Sie Ihre Frau zum letzten Mal gesehen?"
- "Vor zwei Jahren", antwortet der Mann.
- ""Wie bitte?" fragt der Polizist erstaunt. "Wollen Sie damit sagen, daß Ihre Frau bereits seit zwei Jahren verschwunden ist und daß Sie dies erst heute melden? Warum haben Sie so lange gewartet?"
Und der Mann antwortet ganz verschüchtert:
-"Ich wollte es einfach nicht glauben!"

Die Linie

Kommunikationsprobleme entstehen oft dadurch, daß derjenige, der spricht, nicht sicher ist, richtig verstanden zu werden, und daß derjenige, der zuhört, oft das Gefühl hat, der andere wolle ihn durch seine Worte beeinflussen oder umstimmen. Bei einem Paar sind diese Probleme oft noch stärker vorhanden. Die folgende "Technik der Linie" will eine Atmosphäre schaffen, in der sich jeder frei ausdrücken und auch ungezwungen zuhören kann.

Setze dich deinem Partner gegenüber, wenn du das Bedürfnis hast, eine bestimmte Situation oder einen besonderen Aspekt eurer Beziehung klarzustellen.

Jeder sagt der Reihe nach, was er zu sagen hat, während der andere zuhört, ohne ihn zu unterbrechen. Jeder hat also zunächst eine aktive und dann eine passive Rolle bzw. umgekehrt.

Beginne damit, daß du deinem Partner nennst, was du unter dem Aspekt, den du klären willst, an ihm magst. Sei dabei positiv, analysiere die Dinge und sage alles, was du zu sagen hast, liebevoll.

Dann zähle alles auf, was dir mißfällt oder was dich an dieser Situation stört, was du nicht magst. Sei dabei ganz ehrlich.

Äußere schließlich deine ganz persönliche Meinung dazu, schlage Lösungen vor und sage ganz subjektiv, wie du die Dinge siehst, ohne dabei objektiv sein zu wollen. Sobald derjenige, der gesprochen hat, mit seinen Erklärungen zu Ende ist, tauscht ihr die Rollen.

Wer spricht, legt seine eigenen Wahrheiten und Überzeugungen dar, die der andere oft nur schwer akzeptieren kann. Dies hat den einfachen Grund, daß es sich dabei doch um Bereiche unserer ganz persönlichen Erfahrungen handelt, die zudem noch durch unsere Zivilisation und unsere Erziehung gefiltert worden sind. Sie haben natürlich für uns eine gewisse Gültigkeit, und wir brennen darauf, sie mit anderen zu teilen - aber diese Wahrheiten sind nun mal nicht die Wahrheit.

Wenn du zuhörst, ist es wichtig, ganz offen zu bleiben, um so deutlicher zu spüren, welchen Widerhall die Worte in dir haben. Das bedeutet allerdings nicht, daß du damit auch schon alles akzeptieren mußt.

Während dieser "Übung der Linie" muß eine große geistige Offenheit herrschen. Es geht keineswegs darum, den anderen beeinflussen zu wollen, sondern vielmehr um die Darstellung aller Aspekte (positive wie negative) eines Vorgangs. (In diesem Prozess kann es z.B. bei einem Paar um Probleme gehen wie die Art und Weise mit Geld umzugehen, die Sexualität zu leben, die Kinder zu erziehen usw.) Der Wunsch, dem anderen zuzuhören und auch alles zu sagen, muß stark sein, ohne daß sich die beiden Beteiligten jedoch in ihrer Integrität bedroht fühlen.

Entscheidet gemeinsam, wer zunächst seinen Standpunkt darlegen soll, dann setzt euch gegenüber und schaut euch während der ganzen Übung in die Augen.

Derjenige, der beginnt, sollte folgende drei Punkte beachten:
- Was empfinde ich als positiv?

- Was empfinde ich als negativ?
- Was denke ich über die Situation, und was stelle ich mir als Lösung vor?

Wer zuhört, darf den anderen nicht unterbrechen, es sei denn, er hat etwas nicht genau verstanden.

Sobald die erste Person zu sprechen aufhört, schließen beide die Augen und bleiben innerlich allein mit dem Gesagten und Gehörten.

Erst dann werden die Rollen getauscht.

Derjenige, der jetzt das Wort hat, darf nun keineswegs versuchen, sich aufgrund der Worte des anderen zu rechtfertigen oder sich veteidigen zu wollen. Er muß vielmehr genauso wie sein Partner vorgehen und nach den drei obengenannten Punkten die Situation analysieren. Dabei darf keiner gewinnen oder die Lage beeinflussen wollen.

Anschließend könnt ihr nochmals alles, was gesagt wurde, besprechen, ohne die Aussage dabei aber in Frage zu stellen.

Das Ziel dieser Form von Kommunikation ist die Klärung einer schmerzlichen oder schwierigen Lebenssituation, wobei jeder seinen subjektiven Standpunkt vorträgt, ohne dabei das Gefühl zu haben, manipuliert zu werden oder selbst zu manipulieren, zu beeinflussen oder beeinflußt zu werden.

Wir können diese Kommunikationslinie benutzen zwischen Eltern und Kind, zwischen Mann und Frau, zwischen Berufskollegen, usw. – ja, sogar im Dialog mit uns selbst.

Sollte sich einer der beiden Partner nach diesem Gedankenaustausch nicht erleichtert fühlen, beginnt das Spiel wieder von vorne. Denn es ist durchaus möglich, daß einige der obengenannten Fehler vorkommen, was die Situation noch schwieriger machen kann.

Die zehn Hunde der Vorstellung

Die nun folgende Technik mit dem Ziel, den Geist zu erforschen, um seine Funktionsweise besser zu kennen, stammt aus mündlicher Überlieferung und ist mir von meinem chilenischen Freund Serge Larin übermittelt worden.

Ihre Anwendung erfordert sehr tiefen Respekt und Sinn für das Göttliche, und außerdem müssen wir die Tatsache akzeptieren lernen, daß wir zwar eine große Kraft verkörpern, aber nur ein unendlich kleines Teilchen einer noch größeren Kraft sind, die das Universum lenkt.

Diese Meditation verlangt Respekt, weil sie die Macht hat, unser Ego noch zu verstärken, wenn sie nicht richtig eingesetzt wird. Die Folge daraus kann eine schmerzliche Erfahrung sein, vor allem dann, wenn unser Verstand sie zu seiner eigenen Machtausübung benutzt. Eine innere Haltung der Bescheidenheit hilft uns, diese Falle zu vermeiden.

Es heißt, Verstand sei wie ein Hund, der uns pausenlos anbellt und in einen ständigen Angstzustand versetzt. Damit du dir dessen bewußt wirst, führe die folgenden Übungen eine Woche lang jeden Tag dreißig Minuten lang durch.

Nimm zunächst ein Blatt Papier, einen Bleistift (Symbol für den Verstand), einen kleinen Kieselstein (Symbol für dein widerspiegelndes Bewußtsein) und eine Kerze (Symbol für das Licht). Zünde die Kerze an, lege Papier und Bleistift neben dich, den Stein vor dich und setze dich bequem in den Lotus- oder Halblotussitz.

1. - Beginne mit einem OM-Gruß.
2. - Lege die rechte Hand auf den Boden, dann die linke Hand auf die rechte.
3. - Beuge dich nach vorne, bis deine Stirn die beiden vor dir verschränkten Hände berührt. Wiederhole dabei lautlos: “Dein Wille geschehe.”
4. - Richte dich nun auf, nimm den Kieselstein und lege ihn vor

dich auf den Boden. Beuge dich erneut nach vorne, bis du mit der Mitte deiner Stirn den Stein berührst. Konzentriere dich und lenke dein Bewußtsein in diesen Kiesel, richte dich dann wieder etwas auf und lege deine Ellenbogen rechtwinklig an die Stelle, wo deine Beine sich überkreuzen.

5. - Führe den kleinen Stein beim Einatmen bis an deine Stirn.

6. - Halte deinen Atem an und mache mit dem Vorderarm drei Drehbewegungen im Uhrzeigersinn, während du innerlich dreimal das Mantra OM NAMO NARAYA NAYA singst und dabei deine Konzentration auf das linke Knie, auf den Stein, auf das Mantra und auch auf deinen Atem lenkst.

7. - Lege den Stein beim Ausatmen wieder vor dich auf den Boden.

8. - Nimm den Stein wieder auf, atme ein und wiederhole die Schritte 4 bis 7; tue dies solange, bis dir ein Gedanke durch den Kopf geht, den du sofort auf deinen Zettel schreibst.

- Vergleiche anschließend diesen Gedanken mit der Liste der zehn Hunde der Vorstellung. Es ist durchaus möglich, daß du objektive Gedanken hast, die sich nicht auf deiner Liste finden. Sie stellen einfach fest, was im Augenblick geschieht. Schreibe die entsprechende Zahl des bellenden Hundes auf, bevor du wieder die Schritte 4 bis 7 wiederholst, und setze dies eine halbe Stunde lang fort.

Erster Hund: sich schuldig fühlen

Drückt sich durch ein Minderwertigkeitsgefühl gegenüber unseren vergangenen, gegenwärtigen und künftigen Handlungen aus.

Zweiter Hund: die Herabwürdigung

Besteht darin, Zweifel hervorzurufen, sich verächtlich zu äußern, etwas oder jemanden lächerlich zu machen.

Dritter Hund: übertriebene Erklärung

Besteht darin, die Dinge zu gut zu erklären und unnützes Geschwätz zu rationalisieren, um nichts zu spüren und einen Ausweg aus der gegenwärtigen Situation zu finden.

Vierter Hund: Verlangen nach außergewöhnlichen Freuden

Besteht darin, einfache Geschichten in wahre Abenteuer zu verwandeln und sich bei dem Gedanken zu begeistern, was man jetzt noch alles machen könnte.

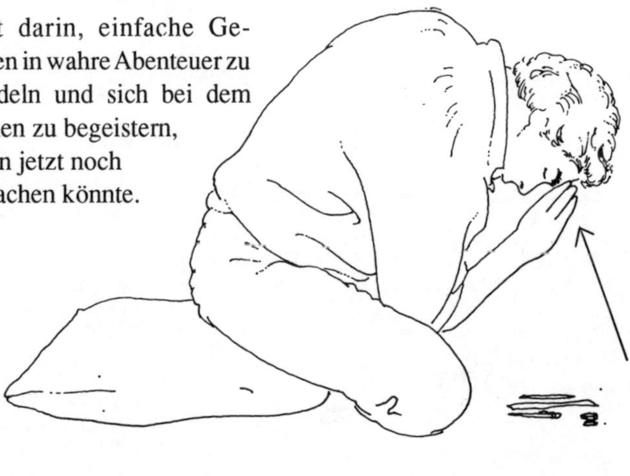

Fünfter Hund: Lust zu töten

Drückt sich in einem plötzlichen Wutanfall und dem Wunsch aus, alles was stört oder wehtut zu zerstören.

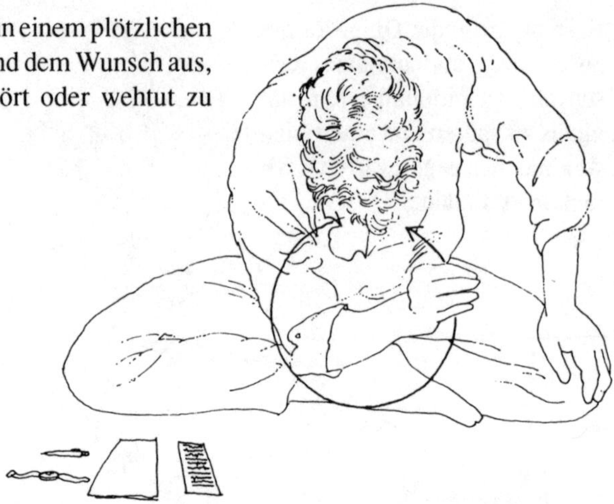

Sechster Hund: Lust zu huren

Siebter Hund: das Gefühl, berühmt und anerkannt zu sein.

Gedanken an Erfolg oder an unserer Art und Weise, in der Öffentlichkeit zu glänzen. Ein Star sein!

Achter Hund: böse Zunge

Kritische Gedanken und negative Urteile über andere oder sich selbst haben.

Neunter Hund: egozentrische Geschichten

Innere Dialoge führen, die stets mit "ich, ich.." beginnen. Geschichten, die nur um uns kreisen.

Zehnter Hund: Unwissenheit

Ganz unter dem Einfluß der Angst und des Leidens stehen.

Die Übung ermöglicht es uns, der Denkschemata bewußt zu werden, die aus negativen Erfahrungen entstanden sind. Nach einigen Sitzungen werden wir feststellen, daß einige Hunde lauter als andere bellen und daß sie unsere Wesensart bestimmen.

Später können wir dann objektiv eingreifen, um diese Hunde zu bekämpfen. Anstatt auf sie zu hören und nach unseren alten Gewohnheiten zu reagieren, können wir sie zähmen, sie uns gefügig machen, oder sie mit noch lauterem Gebell übertönen. Wir können auch einfach feststellen: "Der Hund Nr. 4 bellt mal wieder!"

Seine Wut ohne Schmerz herausschreien

Wollen wir Abhilfe bei Trübsinn oder Depression schaffen, können wir mit unserer Wut arbeiten. Dieses Gefühl ist in seinem Reinzustand durchaus lebenswichtig. Es bringt Klarheit in unseren Geist und bringt uns unserer eigenen Wahrheit näher.

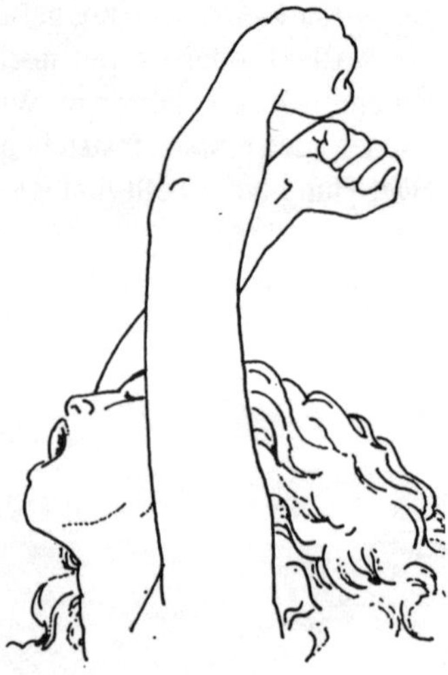

Äußert sich diese Wut, um uns von einem körperlichen Schmerz oder einer persönlichen Enttäuschung zu befreien, so hilft sie uns dabei, anschließend die objektive Realität wiederzufinden.

Die Wut zu akzeptieren bedeutet, als Ursprung die Zerstörung unseres Traums zu akzeptieren und damit auch die Realität, so wie sie ist.

- Suche dir einen Ort, wo du soviel Lärm machen kannst, wie du willst, ohne daß dadurch jemand gestört wird.

Knie dich vor ein großes Kissen und balle die Fäuste. (Wenn du auf eine bestimmte Person wütend bist, lege deren Photo oder einen Gegenstand, der ihr gehört, vor dich hin.)

- Atme durch die Nase ein, hebe deine Fäuste über den Kopf und schlage mit offenem Mund auf das Kissen ein, während du mit aller Kraft den Laut AAAAH ausatmest.

- Atme wieder ein, hebe die Fäuste und lasse sie beim Ausatmen erneut mit einem AAAAH-Schrei auf das Kissen niedersausen. Die ganze Spannung liegt in den Fäusten, und die Auf- und Abbewegung geht von der Basis des Brustkorbes aus. Diese Bewegung ist ebenso natürlich, wie das Gefühl von Wut.

Natürlich wird dein Verstand dir weismachen wollen, daß dein Tun dumm und kindisch sei. Mache aber ruhig weiter, ohne dich um dieses negative Urteil zu kümmern, bis die Energie instinktiven Zorns die Oberhand gewinnt. Mache weiter, selbst wenn sich die ersten Anzeichen von Ermüdung einstellen. Bleibe am Ball!

Diese aktive Meditation sollte mindestens fünfzehn Minuten fortgesetzt werden. Höre nicht vorher auf.

Lege dich nach dieser Zeitspanne auf den Rücken und spüre deine Atmung im Bauch.

Mache anfangs diese Übung an fünf aufeinanderfolgenden Tagen, wobei der Anlaß für deine Wut immer der gleiche sein muß.

Benutze ferner diese Technik, wenn du dich in deinem Handeln gehemmt oder physisch angespannt fühlst, oder wenn du dich selbst als Opfer deiner eigenen negativen Urteile fühlst.

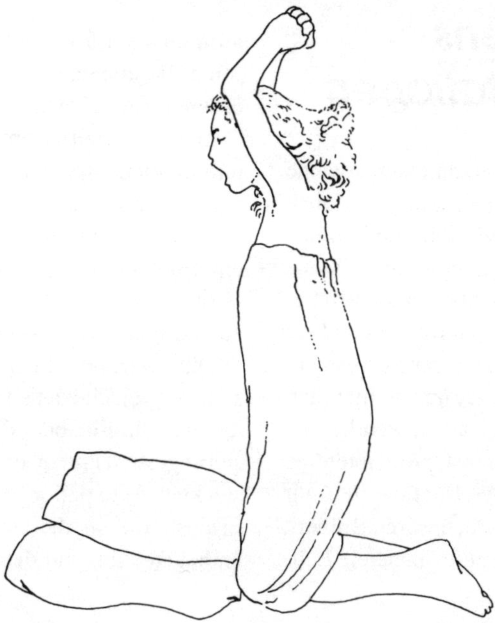

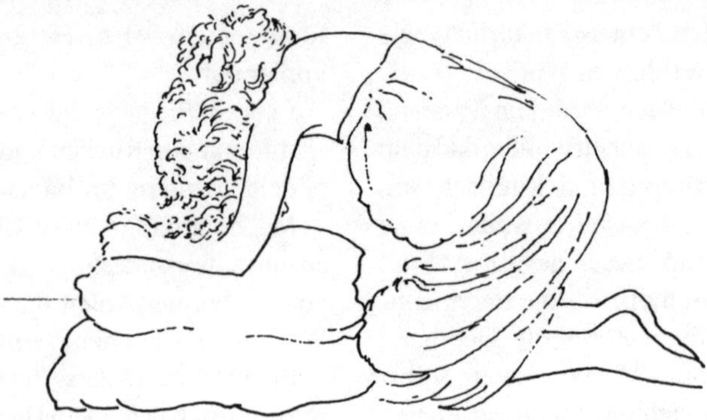

Namensmeditationen

Jedes Wort enthält seine eigene Energie, Bilder und Emotionen sind eng mit ihm verbunden. Unser Name trägt in sich die Erfahrungen unseres ganzen Lebens, seit wir zum ersten Mal auf unseren Namen reagiert haben; er repräsentiert unsere Identität. Mit diesem Namen wenden wir uns an uns selbst, projizieren wir uns in die Welt, antworten wir unseren Eltern, unseren Brüdern und Schwestern, unseren Lehrern, unseren Vorgesetzten, unseren Freunden und Feinden, unserem Ehepartner.

In Wirklichkeit haben wir mehrere Namen: Spitznamen, Vornamen, Familiennamen. Sie alle sind Träger unserer gesamten emotionalen Erfahrungen der Vergangenheit und all unserer zukünftigen Identifikationen.

Die folgende Übung bedient sich der verschiedenen Namen, die man dir gibt, oder die du dir selbst gibst, damit du dir die versteckten Assoziationen bewußt machst, die in diesen Namen enthalten sind, und die auch du in dir trägst. Diese Technik bringt eine besonders starke emotionale Entladung mit sich.

Diese Übung von etwa einer halben Stunde ist abends durchzuführen, und zwar fünf Tage hintereinander.

- Setze dich bequem in deinem persönlichen Raum hin und verbinde dir die Augen.
- Atme durch den Mund zwölfmal in dem oberen Brustbereich.
- Setze dies fort und nenne nun beim Ausatmen mit lauter Stimme deinen Namen; dabei solltest du darauf achten, daß dies nicht nur mechanisch geschieht. Atme ein, atme deinen Namen aus.

Sollte sich der Rhythmus ändern, stelle dich darauf ein. So ermöglichst du das Aufsteigen der Emotionen. Laß sie ans Licht kommen. Solltest du nichts verspüren, verlangsame dein Atmen und versuche es mit einem anderen Namen. Laß die Erinnerungen in dir aufsteigen, und sobald du merkst, daß sie dich überwältigen, beginnst du wieder mit dem Atemrhythmus: einatmen - ausatmen - Name. Lege dich nach etwa einer halben Stunde auf den Rücken und spüre, was diese Technik in dir hervorgerufen hat.

Die Augen der Vergangenheit

Damit du der Vergangenheit all das verzeihen kannst, was sie dir an Schwierigkeiten im gegenwärtigen Leben beschert hat, kannst du folgende sanfte und doch wirkungsvolle Technik anwenden. Im Mittelpunkt steht zunächst die Mutter, dann der Vater und schließlich du selbst.

Danach kannst du sie auch auf jede Person anwenden, deren Verschwinden aus deinem Leben tiefen Schmerz oder ein Gefühl von negativer und störender Anhaftung in dir hervorgerufen hat.

Besorge dir zur Vorbereitung dieser Arbeit sieben Kerzen, von denen jede eine halbe Stunde lang während der sieben Sitzungen brennen soll: drei Kerzen für den Vater, drei für die Mutter und eine für dich.

Wähle sie sorgfältig und mit einem freudigen Gefühl im Herzen aus.

- Nimm am Abend eine ausgiebige Dusche oder wasche dich gründlich, bevor du dich mit geradem Rücken bequem hinsetzt.

Du bist ganz sauber und ohne jedes Parfüm am Körper und du duftest nach Frische und Reinheit.

- Stelle auf den kleinen Tisch vor dir drei Kerzen in der Form eines Dreiecks, dessen Spitze in deine Richtung weist. Lege nun ein Foto deiner Mutter in die Mitte dieses Lichtdreiecks.
- Mache einen OM-Gruß.
- Beginne mit zwölf Alpha-Atmungen und halte die Augen dabei geschlossen. Öffne nun die Augen, möglichst ohne die Alpha-Atmung zu unterbrechen, betrachte das Photo in der Mitte des Dreiecks eine halbe Stunde lang. Solltest du spüren, daß Emotionen (Freude, Scham, Traurigkeit, Wut), Tränen oder Erinnerungen in dir aufsteigen, so tue nichts. Empfinde nur, was in dir geschieht, bewege dich nicht und atme kontinuierlich weiter.

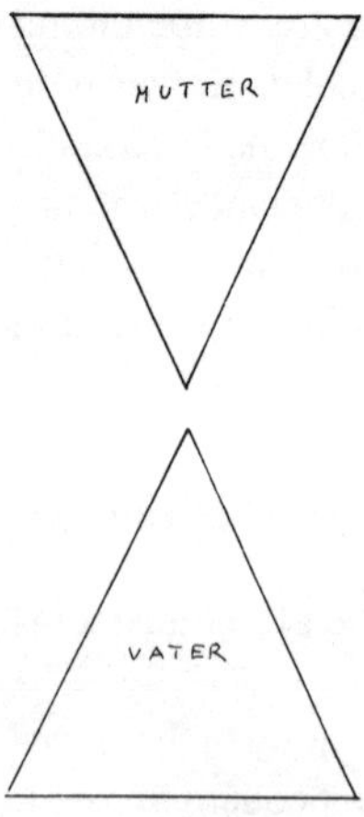

- Wünsche deiner Mutter am Ende der Sitzung die bestmögliche Evolution, mache einen OM-Gruß und strecke dich auf dem Rücken aus. Folge noch eine kleine Weile deiner Bauchatmung oder lasse dich in den Schlaf gleiten.
- Wiederhole eine Woche lang jeden Abend diese Übung.

Mache in der folgenden Woche die gleiche Übung mit einem Foto deines Vaters, das du ebenfalls in die Mitte eines Dreiecks legst, das diesmal mit seiner Spitze von dir wegweist. Beginne schließlich in einer weiteren Woche die gleiche Sitzung mit dir selbst. Nimm ein Photo von dir als Kind oder Baby und lege es hinter eine einzige brennende Kerze. Vegiß auch hierbei nicht, dir die bestmögliche Evolution zu wünschen, bevor du die Sitzung mit einem OM-Gruß beendest.

Dieser Wunsch muß aus einem Gefühl von Freude und Anerkennung hervorgehen.

Affirmation

Oft haben wir, ohne daß uns dies bewußt ist, vorgefaßte Meinungen, die dann unsere Art und Weise, wie wir die Welt oder uns selbst sehen, bestimmt. Diese Einstellungen beeinflussen unsere Verhaltensweisen, und sind doch nur Urteile, die a priori bereits vor der eigentlichen Erfahrung bestehen. Sie kommen aus unserem Unbewußten, und wir selbst sind dessen erstes Opfer, da es sich als stärker erweist als unser Bewußtsein. Wir haben folglich hier auch keine Möglichkeit zu reagieren, da wir oft ein kindliches Verhalten an den Tag legen, das mit der heutigen Realität überhaupt nichts mehr zu tun hat. Im folgenden nun eine Technik, die diese Verhaltensmuster aufdecken soll.

Du kannst bei dieser Übung zum Beispiel mit wichtigen Themen wie Liebe, Sex, Tod, Geld oder Macht anfangen.
- Nimm am ersten Abend Papier und Bleistift und ziehe dich in deine Meditationsecke zurück.
- Beginne mit einem OM-Gruß.
- Mache zunächst einige Alpha-Atmungen und schreibe, eine

halbe Stunde lang, dann alles auf, was dir zum Beispiel über das Thema "Sex" durch den Kopf geht. Du brauchst dich nicht zu beeilen. Stelle eine Liste deiner Gedanken zusammen und beginne, wenn dir nach einer Weile nichts mehr dazu einfällt, wieder mit Alpha-Atmungen, bis neue Ideen aus der Tiefe aufsteigen, die du dann wieder zu Papier bringst.

- Mache nach einer halben Stunde erneut einen OM-Gruß, lege dein Papier beiseite und denke nicht mehr daran.
- Beginne am nächsten Abend von neuem.
- Mache einen OM-Gruß und einige Alpha-Atmungen.
- Lies nun zunächst, was du am Vorabend geschrieben hast und verwandle alle negativen Aussagen in positive, die du auf einem anderen Papier niederschreibst. Wenn dir noch mehr zum Thema "Sex" einfällt, schreibe es auf.

Mache einen OM-Gruß und lege diese Listen beiseite.

Nimm dir am dritten Abend, nach dem OM-Gruß und dem Alpha-Atmen, wieder beide Listen vor und betrachte sie eine Zeitlang.

Versuche zu ergründen, woher einige deiner Ideen zu diesem Thema kommen können und welche emotionale Wirkung sie haben. Vergleiche und nimm die besten Gesichtspunkte, also diejenigen, die ein automatisches Verhalten verändern könnten. Versuche sie als Anregungen aufzufassen, die seinem jetzigen Leben oder deinen wirklichen Erfahrungen mehr entsprechen.

Verwende die gleiche Methode für andere Themen wie Liebe, Tod, Geld und Macht, oder für jeden anderen Anspekt, den du vertiefen möchtest. In der Folge kannst du dann den Einfluß dieser neuen Betrachtungsweise an dir schon bekannten Situationen erproben. Das Leben gibt dir stets die Möglichkeit, etwas Neues zu versuchen, um dich zu verändern und authentischer zu werden.

Der Erwachsene und das Kind

In der Regel gehen wir davon aus, nur eine einzige Person zu sein, doch in Wirklichkeit bestehen wir aus mehreren Wesen, mehreren Stimmen in uns, die mit verschiedenen Ebenen und Erfahrungsbereichen zu tun haben. Wenn wir meinen, müde, enttäuscht oder beunruhigt zu sein – wer spricht dann und wer hört zu? Unser ganzer Körper ist doch nicht etwa krank, weil wir Zahnweh haben? Um genau zu wissen, woher unser Schmerz kommt, können wir eine sehr einfache Technik benutzen, bei der zwei Personen miteinander reden. Eine Person spielt das Kind (das sich beschwert, das leidet und enttäuscht ist) und die andere spielt den Erwachsenen.

Wer ist der Erwachsene?

Ein Erwachsener, oder das kluge Wesen, ist zunächst jemand, der genau weiß, daß es im Leben immer eine Wahl und daß es auf der Ebene der materiellen Wirklichkeit stets eine praktische Lösung für jedes Problem gibt.

Er bezieht sich auf seine eigenen Erfahrungen, um mit der jeweiligen Situation fertig zu werden; er benutzt dafür weder fremde Erfahrungen noch seine Angst, seine Hoffnung oder seinen Glauben. Er beurteilt den anderen nicht auf der Basis irgendeiner Moral, da er genau weiß, daß es davon eine große Auswahl gibt.

Stellt er fest, daß eine Situation festgefahren ist, unternimmt er die notwendigen Schritte, um die Energie wieder in Bewegung zu bringen. Er akzeptiert das Leben, wie es ist, und versucht stets, das Gespräch auf ein höheres Niveau zu heben. Als Vater oder Mutter will er sein Kind nicht unbedingt so beeinflussen, daß es wie er denkt, sondern daß es vielmehr den Widerspruch begreift, der in dem anderen existiert; er bleibt neutral, versucht jedoch durchaus, praktische Ratschläge zu geben. Dank seiner Verführungsgabe (im guten Sinn des Wortes, versteht sich) zeigt er die offenen Türen und schlägt Lösungsmöglichkeiten vor. In seiner Klugheit ist er voller Energie und Einfallsreichtum.

Wer ist das Kind?

Das Kind, oder das emotionale und kindliche Wesen, lebt in ständiger Reaktion auf die Ereignisse des Lebens. Es hat keine Wahl, da es von anderen abhängig ist (oder sich abhängig glaubt), um körperlich, seelisch und gefühlsmäßig zu überleben. Es weiß nicht , wer es ist und was es tun kann, denn es stellt sich vor, daß sein Denken die Wirklichkeit widerspiegelt. Es akzeptiert demnach nicht, was ist, und kann auch nicht mit einer Situation fertig werden, die es erschrickt oder die ihm weh tut. Es ist sehr empfindlich, jedoch unbewußt und unwissend. Es identifiert sich mit seinen Emotionen von Freude, Angst, Schmerz, Wut oder Traurigkeit, denn es ist sich nicht bewußt, daß es in Wirklichkeit die Wahl hat.

Damit wird auch klar, daß das Kind in uns jedesmal, wenn wir uns von etwas oder von jemandem enttäuscht fühlen, unter einer Desillusionierung leidet.

Glaubensvorstellungen und Träume werden stets von der Wirklichkeit, vom Leben an sich und von den Tatsachen zerstört.

- Stelle (oder lege) zwei Stühle (oder zwei Kissen) einander gegenüber – eine Sitzgelegenheit für den Erwachsenen und die andere für das Kind.
- Setze dich zunächst auf den Platz des Erwachsenen. Begrüße das Kind, frage, wie es ihm geht, was es Neues gibt. Wechsle nun den Platz und antworte dem Erwachsenen. Begrüße ihn ebenfalls und erzähle ihm, wie es dir so geht, welches Problem du hast. Ist das Kind etwas schüchtern, kehre wieder auf den Platz des Erwachsenen zurück, um dem Kind Mut zuzusprechen und ihm Vertrauen einzuflößen, damit es sich sicher fühlt.
- Nimm wieder den Platz des Kindes ein und erzähle.
- Setze auf diese Weise den Dialog fort. Selbst wenn das Kind davon überzeugt ist, recht zu haben, gibt ihm zu verstehen, daß es zwar im Recht ist, aber trotzdem nicht bekommen kann, was es sich wünscht. Der Erwachsene sollte nun versuchen, das Kind mit Liebe und Logik zu besänftigen und ihm zu zeigen, daß die Dinge ganz anders sein können und ihm dafür Lösungen vorschlagen. Setze den Dialog so lange fort, bis das Kind sich wohler fühlt und etwas Neues ausprobieren möchte. Beende den Dialog immer mit der Rolle des Erwachsenen.

Vielleicht wird dir während dieser Übung klar, daß du eher ein elterlicher Moralprediger als ein Erwachsener bist, der den Versuch unternimmt, voller Respekt mit jemandem zu reden und ein Problem zu lösen. Es ist in der Tat nicht leicht, ein guter Erwachsener zu sein. Willst du dich wirklich in Frage stellen, so mache diese Übung fünf Tage hintereinander, auch wenn es dir nicht immer leicht fällt, zwischen den beiden Personen klar zu unterscheiden.

Nach einer gewissen Zeit kannst du diese Technik jedesmal anwenden, wenn du spürst, daß dein inneres Kind Kummer hat. Schließe die Augen, denke fest an das Kind und frage es, wo der Schuh drückt. Schweige innerlich und höre auf seine Antwort. Frage es dann, was seinem Wunsch nach geschehen soll, und entscheide, ob seine Lösung möglich ist oder nicht. Stimme zu, diese Lösung in die Tat umzusetzen oder schlage etwas anderes vor. Genau in diesem Augenblick kommt die Wahl ins Spiel. Bleibe dir der Tatsache bewußt, daß es in dir eine kindliche Emotion gibt, in der sich die Ablehnung einer bestimmten Realität zeigt. Mit Hilfe dieses Dialogs wirst du stets eine Lösung finden, die eine Brücke zwischen der äußeren Wirklichkeit und den inneren Emotionen schlägt.

Der Strand

Um dir klar zu machen, wie dein Unterbewußtsein dich beurteilt, kannst du folgende Technik anwenden, die aus dem Bereich der Dethypnotherapie stammt:
- Lies zunächst den nachstehenden Text und nimm ihn auf Kassette oder Band auf. Ein Gedankenstrich entspricht etwa einem Zeitraum von fünf Sekunden. Lies langsam und mit leiser Stimme. Dein Atem sollte ebenfalls langsam gehen.
- Warte dann ein paar Tage, bevor du diese Reise ins Unterbewußtsein machst, damit du die Erinnerung an den Text verlierst - oder, was noch besser ist, lasse die Aufnahme von einem Freund für dich machen.
- Strecke dich auf dem Rücken aus und entspanne dich etwa zehn Minuten, bevor du das Band abspielen läßt.
- Schließe die Augen und atme langsam in die Brust ein. Stelle dir dabei vor, daß beim Einatmen ruhige und frische Energie in deinen Körper strömt und daß beim Ausatmen alle in dir aufgestauten Spannungen weichen.
- Schalte dann dein Kassettenge-

rät ein, konzentriere dich leicht auf das Dritte Auge und lasse dich ganz von deiner Vorstellungskraft ergreifen. Du brauchst nichts zu tun, alles kommt von selbst.

Der Text:

In dem Entspannungszustand, in dem du dich jetzt befindest – dein Geist bleibt hellwach hinter den geschlossenen Augenlidern – stellst du dir vor, du bist an einem wunderschönen Sandstrand am Meer – an einer Stelle, die du besonders magst - - - dein Körper liegt ausgestreckt im Sand - entspannt - und jetzt wirst du deinen physischen Körper da liegenlassen - und dein Astralkörper wird einen Augenblick lang - einen kleinen Bummel am Strand entlang machen - du bist jetzt dieser Astralkörper - am Strand - und du schreitest am Wasser entlang - während deines Spaziergangs entdeckst du eine Klippe aus Lehm.. - du näherst dich dieser Klippe - und nimmst ein wenig von dieser Erde - die du formst und modellierst - bis daraus eine Statue wird, die dich selbst darstellt - - - du erschaffst deine Statue - du fügst noch einige Details hinzu, die vielleicht noch fehlten, und du betrachtest sie - - - und dann entdeckst du ein Gefäß - ein Eimerchen, mit dem die Kinder im Sand spielen - und mit diesem Gefäß holst du Wasser aus dem nahen Meer - und gießt es auf die Statue, die du gerade geformt hast - und eine neue Statue taucht vor dir auf - anders als die erste - du betrachtest sie und prägst dir ihr Bild ein - nicht weit entfernt von dir entdeckst du etwas trockenes Holz - und ein Feuerzeug oder ein paar Streichhölzer - du zündest ein Feuer an - und legst die zweite Statue in das Feuer - während sie nach und nach verbrennt - steigt dichter Rauch aus dieser Statue auf - du betrachtest ihn - und achtest besonders auf die Qualität dieses Rauches - und auf den Eindruck, den er in dir hinterläßt - - - und wenn die Statue ganz verbrannt ist - nimm den schwachen Rauch - nimm ihn in dich auf - und mit diesem Rauch in deinem Innern - gehst du wieder am Stand entlang - zurück zu deinem physischen Körper - der immer noch da ist - ausgestreckt liegt - auf dem Sand - du schlüpfst wieder in ihn hinein - und bist jetzt wieder in deinem physischen Körper - du liegst entspannt - auf dem Sand - und du weißt, daß du dich jederzeit, wenn du willst - genau an alle Einzelheiten deines Spazierganges am Strand erinnern kannst. - - - Ich werde jetzt von fünf bis eins zählen - und wenn ich bei eins ankomme - kannst du die Augen öffnen - dich ausstrecken - und dich in dem Raum wiederfinden, wo du bist - du erinnerst dich genau an alles, was du bei deinem Spaziergang erlebt hast. - Ich werde nun zählen: 5 - 4 - 3 - 2 - 1

Eine Verabredung mit seinem Problem treffen

Diese Technik hilft uns dabei, uns Klarheit über unser Verhalten in der Vergangenheit zu verschaffen, um so unseren Geist für unser zukünftiges Handeln frei zu machen.

Wenn du feststellst, daß ein Gedanke dir nicht mehr aus dem Kopf geht oder irgend etwas dich so sehr beschäftigt, daß es deine tägliche Arbeit stört, so unterbrich dies augenblicklich und verabrede dich mit deinem Problem. Sag ihm, daß du ihm dann oder dann zur Verfügung stehst. Versuche auf keinen Fall, es zu versetzen, denn sonst wirst du dich schuldig fühlen, daß du die Spielregeln nicht beachtet hast, und Tag und Nacht wird dich diese bohrende Frage quälen.
- Zieh dich zum Zeitpunkt der Verabredung in deine Meditationsecke zurück, zünde eine Kerze an, mache einen OM-Gruß und dann fünf Minuten Alpha-Atmung (6-6-6-6).

Lade dann dein Problem oder deine Zwangsvorstellung ein. Laß sie zu Wort kommen, schimpfen, sich beschweren – versuche dabei zu empfinden, was wirklich dahinter steht. Akzeptiere dies alles als etwas Wirkliches und versuche, eine Lösung zu finden. (Nehmen wir zum besseren Verständnis folgendes Beispiel: Das Problem sagt: "Ich bin der Meinung, du hättest gestern Abend nicht so heftig reagieren sollen". Du selbst meinst hierzu: "Erkläre dich bitte etwas deutlicher". Das Problem: "Du hättest dieser Person gegenüber nicht so regaieren dürfen, denn es ist wirklich nicht der geeignete Augenblick, sie dir zum Feind zu machen. Auf beruflicher Ebene hast du jetzt kaum noch eine Chance, das zu erreichen, was du durch die gestrige Einladung zum Abendessen erreichen wolltest." Du: "Ja, aber diese Person hat sich so scheußlich verhalten, und ich mußte ihr einfach die Meinung sagen", usw). Versuche eine konkrete Lösung zu finden, die aber nicht in Widerspruch zu dir selbst steht.

Bedanke dich bei dem Problem für den Druck, den es auf dich ausgeübt hat, bis du ihm endlich zugehört hast. Findest du nun auf Anhieb keine Lösung, so versprich ihm, nach einer solchen zu suchen und verabrede dich erneut mit ihm.

Das Wesentliche bei dieser Übung ist die Tatsache, daß du nach diesem Gespräch nicht mehr voll innerer Widersprüche bist, auch wenn noch nicht alle Probleme aus der Welt geschafft sind. - Schließe mit einem OM-Gruß.

Wie man seine Fehler in einen Kiesel packt

Mache einen langen Spaziergang am Meer oder an einem Fluß entlang und sammle dabei die schönsten Kieselsteine ein, die du finden kannst. Setze dich einen Augenblick hin und wähle den Stein aus, der dich am meisten anzieht. Nimm ihn mit nach Hause. Setze dich in deine Meditationsecke, lege den Kiesel vor dich hin und decke deine rechte Hand darüber, während die linke auf dem Herz ruht.

Denke dann an das, was du an diesem Tag an Schlechtem getan hat (oder was du als schlecht bewertest). Denke an die negativen Urteile, die du gefällt hast, an die Fehler, die du begangen hast, und sende dies alles in den Kiesel. Entferne alles Böse aus deinem Körper, und wenn du

Die goldenen Regeln für ein Paar

Die wertvollste Beziehung zwischen einem Paar ist die Freundschaft.
Eines Tages bat ich einen Meister darum, meine Hochzeit zu feiern. Er aber lehnte ab und gab mir statt dessen das größte Geschenk, das ich je bekommen habe, als er zu mir sagte:
"Folgst du diesen goldenen Regeln, so wird dein Paar den allergrößten Nutzen daraus ziehen:
- Sei glücklich, und zwar unabhängig von dem anderen.
- Mach niemals irgendwelche Versprechungen.
- Sieh den anderen nie als deinen gesicherten Besitz an, sondern sei glücklich, daß er heute noch bei dir ist."

dich dann ganz leer fühlst, verneige dich und bitte das Leben darum, dir zu verzeihen. Bedanke dich anschließend bei ihm.

Du kannst diese Meditation täglich machen oder auch nur jedesmal, wenn du dich von der Last deiner Fehler und Irrtümer erdrückt fühlst. Wenn du spürst, daß er Kiesel voll ist, wasche ihn unter fließendem Wasser, bis er wieder sauber ist. Lege ihn dann wieder an seinen alten Platz.

Benutze ihn sooft, wie du willst, bis du ihn nicht mehr brauchst, denn der Begriff von "Schuld und Sünde" ist alles andere als natürlich. Aber wirf ihn nicht weg, bevor du ganz sicher bist, daß du ihn nicht mehr benötigst. Du kannst ihn auch deinem Therapeuten geben, oder ihn selbst behalten, wenn du ein sehr großer Sünder bist.

Das Tantra

Frage: Der Einweihungsweg ist ein individueller Weg.

Können Sie die Rolle des anderen bei einem Paar und die Suche nach unserem innersten Wesenskern erklären?

- Wir müssen zunächst eine ziemlich komplizierte Sache begreifen. Wenn wir nicht lieben, sind wir von anderen isoliert. Wenn wir verliebt sind, wirklich verliebt sind, dann sind wir allein.

Vereinsamung bedeutet Traurigkeit, aber Alleinsein ist kein trauriger Zustand. Wenn wir einsam sind, haben wir das Gefühl, daß wir unvollkommen sind, daß wir einen anderen brauchen, und daß diese erwünschte Person für uns nicht geeignet oder verfügbar ist. Vereinsamung ist eine Nacht ohne Licht, ein dunkles Haus, das wartet und wartet, daß jemand kommt und das Licht anmacht. Ein Wesen, das allein ist, kennt keine Traurigkeit. Alleinsein bedeutet, daß wir uns selbst genügen. Man braucht niemanden, man ist sich genug, und all dies in einem Zustand voller

Liebe. Die Liebenden sind allein oder sie werden es. Durch die Liebe verwirklichen wir unser inneres, vollkommenes Wesen. Die Liebe macht uns vollkommen. Die Verliebten teilen miteinander, aber nicht aus einem Mangelgefühl, sondern aufgrund ihrer überströmenden Energie.

Zwei Menschen, die sich einsam fühlen, können ein Abkommen schließen. Sie können sich laufend begegnen, aber wenn sie nicht verliebt sind, bleiben sie isoliert und einsam. Nur empfinden sie es nicht so, denn sie sagen sich ja: "Der andere ist da, also bin ich nicht einsam." Das Elend verstärkt sich noch, denn es ist ganz und gar unmöglich, daß aus zwei traurigen Teilen ein freudiges Ganzes wird. Sie nutzen sich gegenseitig aus, und ihr Glück ist nur Illusion. Die wahre Liebe ist alles andere als ein Versuch, die Einsamkeit zu vermeiden. Die wahre Liebe verwandelt das Gefühl von Isolation in eine Bewußtmachung von Einsamkeit (im Sinne der Grundsituation unserer Existenz, als Wesen allein und einzigartig zu sein). Wenn du den anderen liebst, hilfst du ihm, allein zu sein, d.h. seine Einsamkeit zu leben. Du versuchst nicht, den anderen auf diese oder jene Weise durch deine Gegenwart zu ergänzen. Nein, du hilfst dem anderen dabei, allein und dabei von seinem eigenen Wesen erfüllt zu sein, daß er dich nicht mehr braucht. Du hilfst ihm vor allem, vollkommen frei zu sein. Auf der Basis einer solchen Freiheit ist dann auch das Teilen als gegenseitiger Austausch möglich. Man gibt viel, aber nicht, weil man dazu verpflichtet ist, oder weil es in einem Vertrag steht, sondern weil man viel zu geben hat, weil dies Freude bereitet. Wer liebt, ist allein. Ein echter Liebender wird nie deine Einsamkeit zerstören, da er sie voll respektiert. Sie ist heilig, und er möchte weder deinen persönlichen Freiraum zerstören noch ihn negativ beeinflussen. Aber in der Wirklichkeit sieht dies oft anders aus: Die Liebenden, oder besser jene, die man so nennt, haben große Angst vor der Einsamkeit des anderen und fürchten seine Unabhängigkeit, weil sie glauben, daß der andere sie dann nicht mehr brauche. Daher versucht die Frau, ihren Mann von sich abhängig zu machen, damit sie sich unentbehrlich fühlt, und der Mann seinerseits versucht mit allen Mitteln dasselbe. Dies entspricht einer Abmachung, einem Vertrag, aber auch einem Konflikt, einem Kampf. Dieser Kampf besteht darin, daß jeder Mensch ein Grundbedürfnis nach Freiheit hat.

Die Liebe schließt die Freiheit des anderen mit ein. Sie akzeptiert diese Freiheit nicht nur, sondern sie verstärkt sie noch. Die persönliche Ausdrucksfreiheit hat nichts mit der Liebe zu tun.

Liebe und Freiheit gehören zusammen wie die beiden Flügel eines Vogels. Mache dies zu deinem Grundprinzip. Die Freiheit ist der Maßstab. Die Liebe führt zur Freiheit, befreit dich, macht dich frei. Die Dankbarkeit, die du der Person entgegenbringst, die dir diese Freiheit ermöglicht hat, ist fast religiöser Art, da du das Göttliche in dem anderen anerkennst. Er hat dich befreit. Diese Liebe hat nichts Besitzergreifendes an sich. Wird diese Liebe schwächer oder verschwindet sie ganz, so wird sie zum Besitzdenken, zur Eifersucht, zum Machtkampf, zur Herrschsucht, zu tausend häßlichen Dingen. Ist die Liebe aber ehrlich, wird sie zur totalen und absoluten Freiheit. Tantra ist Liebe in reiner Form. Tantra ist eine Methode, um die Liebe von ihren giftigen Begleiterscheinungen zu reinigen. Der andere findet in deiner Liebe zu ihm seine Vollkommenheit, denn deine Liebe schenkt ihm Freiheit. Im Schutz deiner Liebe kann sich der andere voll entfalten. Jedes Wachstum braucht Liebe, allerdings eine bedingungslose Liebe. Wird die Liebe an Bedingungen geknüpft, kann das Wachstum nicht mehr vollkommen sein, da diese Bedingungen in den Wachstumsprozeß eingreifen. Liebe ohne Einschränkung und Bedingung und verlange auch keine Gegenleistung. Danach werden viele Dinge von selbst geschehen. Laß alles laufen und auf dich zukommen! Aber sei kein Bettler in der Liebe, sei vielmehr ein Herrscher.

Gib, und es wird dir tausendfach wieder gegeben. Doch auch das Geben will gelernt sein – sonst bleibst du geizig. Man gibt wenig und erwartet viel, und deine Erwartungshaltung zerstört die Schönheit.

Wenn du eine Erwartungshaltung einnimmst, fühlt sich der andere manipuliert. Und wenn sich jemand manipuliert fühlt, lehnt er sich dagegen auf, denn jede Forderung, die von außen kommt, wirkt trennend; jede Forderung ist ein Verbrechen gegen dich und beeinträchtigt deine Freiheit.

Du bist nicht mehr heilig, nicht mehr das Ziel im Hier und Jetzt, sondern du wirst als Mittel zum Zweck benutzt. Und dies ist ja schließlich das Unmoralischste, das es auf dieser Welt gibt.

Jedes Wesen ist sein eigener Endzweck. Auch die Liebe behandelt dich als Ziel in sich selbst, denn du bist nicht hier, um ständig in einer Erwartungshaltung zu leben.

Tantra ist Liebe in ihrer höchsten Vollendung. Tantra ist der Yoga der Liebe. Behalte folgendes stets im Gedächtnis: Liebe nicht, weil du etwas brauchst, sondern weil du etwas teilen willst. Liebe, ohne etwas zu erwarten. Gib vielmehr! Liebe, aber vergiß nicht, daß deine Liebe für den anderen nicht zum Gefängnis werden darf. Liebe, aber achte darauf, daß du dabei in den göttlichsten und reinsten Tempel eintrittst. Alleinsein meint, in seiner Reinheit zu leben. Alleinsein meint, daß du ganz einfach du selbst bist und niemand anderes. Dies gibt dir ein ekstatisches Lebensgefühl. Die Liebenden sind dankbar darüber, daß ihre Liebe akzeptiert wird, denn sie sind derart von Energie erfüllt, daß sie diese mit einem anderen Wesen teilen müssen. Sie sind wie eine Blume, die so voll von Duft ist, daß sie ihn an den Wind abgeben muß. Es gibt zwei Arten von Liebe. Die erste besteht darin, auf den anderen zuzugehen, wenn du dich durch einen Mangel isoliert fühlst. Bei der zweiten Form bist du nicht isoliert, sondern allein. Im ersten Fall suchst du etwas, während du im zweiten Fall etwas geben willst. Ein Wesen, das gibt, ist immer ein Herrscher.

Denke daran, daß Tantra nicht einfach Liebe ist. Auch hat es nichts mit Leidenschaft zu tun. Es ist vielmehr die Umwandlung von Leidenschaft in Liebe. Die Suche nach dem Weg ist individuell, und Liebe macht dich individuell. Liebe muß dir also Freiheit schenken, sonst solltest du dich nicht darauf einlassen. Liebe macht aus dir eine weiße Wolke, du bist völlig frei, an einem Himmel der Freiheit ohne Fessel dahinzuziehen. Liebe bedeutet keine Anhaftung, doch Leidenschaft bindet.

Liebe und Meditation sind wie die beiden Seiten derselben Münze: Wenn du meditierst, entdeckst du die Liebe, und wenn du wirklich liebst, wird deine Liebe zur Meditation.

Die Meinung eines Therapeuten

Die Mauern deines Lebens scheinen aus Stein, aber einige sind aus Papier. Drücke nur etwas fester dagegen, als du dich sonst traust, und du wirst sehen, daß sie vielleicht zusammenfallen und du dich in einem neuen Raum befindest, den vor dir noch niemand betreten hat. Und du wirst dort ein Licht vorfinden, das noch niemand gesehen hat, schmackhafte Dinge, die noch keine Lippen gekostet haben, eine Musik, die außer dir noch niemand gehört hat.

Hab ein wenig mehr Mut, als klug wäre, und sei ein klein wenig ehrlicher als üblich. Folge deinem Impuls, dem Licht deines eigenen Herzens, dem Stern deiner Seelenmitte, und dir wird die Welt geschenkt werden.

Du wirst nicht immer glücklich sein, du wirst nicht immer recht haben, aber wenn du sicher dem Ziel deines Lebens folgst, der äußeren Bewegung deines ursprünglichen Geistes, deiner einzigartigen Wesensnatur, wirst du den dichten Gedankenschleier, der dich von der Schönheit der Welt trennt, entmagnetisieren und auflösen.

Du wirst ein Leben führen, das jenen, die sich in den herkömmlichen Versuchungen verloren haben, als ein Leben voller Wunder erscheint; und du wirst im Alter den Geist deiner Kindheit bewahren, selbst wenn du niemals eine Kindheit hattest, als du klein warst.

Ich kann dir nicht sagen, wie du es am besten anfangen sollst, dein eigenes Leben zu leben, die Frage nach dem Warum deiner Existenz zu beantworten und du selbst zu werden, weil du schon damit angefangen hast.

Selbst wenn du an die stumpfsinnigste Arbeit gebunden bist, von der lähmendsten Zwangsvorstellung oder Neurose besessen, von der idiotischsten Therapie am Gängelband geführt, wenn du dir von der irrsten Heirat dein Leben vergällen läßt – du gehörst bereits zu deiner Freiheit. Es gibt in dir einen anderen Mann oder eine andere Frau, der/die sich mit dir bewegt und er/sie ist ebenso frei und schön, ebenso groß und anmutig wie jeder Prinz oder jede Prinzessin aus dem Märchen. Doch dies ist Wirklichkeit: Er/sie ist genau vom selben Fleisch und Blut wie dein übriges Wesen. Dies ist sein Diener (und gleichzeitig sein Thronräuber), seine Verkleidung, das Spiel, das er in seinen jungen Jahren auf der Erde spielen muß, um überleben zu können. Nicht er, sondern du bist die Fiktion.

Wenn ich dir auch nicht sagen kann, wie du am besten damit anfängst, du selbst zu sein, so kann ich dir doch etwas Wesentliches sagen, ohne das du dein Leben nicht wirklich in die Hand nehmen kannst: Die Weisheit des Menschengeschlechts ist irreal. - Es sei denn, du glaubst, sie sei real. Deine Eltern, deine Lehrer, deine Therapeuten, die Juristen, Philosophen, Künstler und spirituellen Meister, Jesus und Buddha nicht ausgenommen, mit all ihrem Kommentatoren und Schülern haben nur in dem Maße Bedeutung, wie du ihnen Autorität gibst.

Nur du allein bist wirklich. Was in deinem Innern geschieht, ist absolut wirklich und kann nicht in Frage gestellt werden. Wenn du nun von dieser Basis aus handelst und zwar mit deinem gesunden Menschenverstand, wie beschränkt er auch erscheinen mag, und mit deinem guten Willen, wie egoistisch er auch sein mag, dann wird dein Leben sich nach und nach mit Zauberkraft und Sinn füllen. Dein Herz wird voll von innerer Anteilnahme und Mitgefühl sein, denn du arbeitest mit dir selbst, deiner Unsterblichkeit und deinem Leiden. Seltsame und wunderbare Dinge werden in dir auftauchen und eigenartige und wunderbare Ereignisse werden um dich herum geschehen.

Max Farland

6
Vorstellung
Zeit und Raum

Wenn wir auf diese Welt kommen, haben wir ein Bewußtsein, das bereits vor unserem Körper existierte. Es wird auch nach unserem Tode weiterleben und bildet so die Brücken zwischen der sichtbaren und der nicht-sichtbaren Welt, denn es hat die Fähigkeit, sich auch im Bereich des Unsichtbaren zu bewegen und den Körper mit kosmischer Energie zu versorgen.

Es gibt Momente, wo wir alle Lust haben, einfach zu verschwinden, uns von unserem Körper und seinen Fesseln zu befreien. Wir, die wir für den äußeren Schein und Nutzen erzogen sind, haben manchmal den Wunsch, uns in Raum und Zeit zu projizieren und uns im Unendlichen aufzulösen, um so andere Energieformen kennenzulernen und uns gleichzeitig unserer Verantwortung und unserer Verpflichtungen zu entledigen.

Was steht uns zur Verfügung, um dies zu erreichen?

Einerseits gewisse Techniken, wie Astralreise, Schamanismus, Hellsehen usw., und andererseits Methoden der Tiefenentspannung, Induktionen in die Welt des Imaginären, oder auch Telepathie (d.h. man schwingt sich auf die gleiche Mentalwelle ein) und "Tele-Gefühl" (wobei man sich auf die gleiche emotionale Vibration einschwingt). In unserem Zusammenhang lassen wir hier diejenigen Methoden beiseite, die entweder einen Meister oder eine besondere Einweihung erfordern, denn es ist zum Beispiel undenkbar, ohne Führung und Überwachung auf eine Astralreise zu gehen. Dies kann manchmal zu sehr negativen Erfahrungen führen, womit wir unser physisches und psychisches Gleichgewicht gefährden.

Wir dagegen wollen hier auf eine nachvollziehbare Weise die Möglichkeiten aufzeigen, unsere Vorstellungskraft so zu benutzen, daß wir kreativer mit unserem eigenen Leben umgehen lernen.

Es gibt Augenblicke, wo wir alle Lust haben, kreativ zu sein, doch oft setzen wir diese Kreativität mit Kunst gleich; man muß aber keineswegs ein Künstler sein, um kreativ zu werden.

Wir können dies zum Beispiel jeden Morgen sein, denn wir haben die Möglichkeit, das Gemälde unseres Tagesablaufs zu erschaffen, seine verschiedenen Nuancen herauszuarbeiten oder seine Form in aller Freiheit zu gestalten. Wir können uns zu diesem Zweck vorstellen, wie unser Tag nach unseren Wünschen ablaufen soll, wobei natürlich gewisse objektive Kriterien beachtet werden müssen. Dann senden wir dieses Bild in den Kosmos, wo es sich mit der Energie auflädt, die wir zu seiner Umsetzung in die Wirklichkeit benötigen, und zu uns zurückkehrt.

Im Grunde geht es darum, daß wir für andere Formen der Kreativität empfänglich werden und die Bedeutung des Loslassens erfahren, um so mit verschiedenen Energieformen in Verbindung zu treten. Es handelt sich allerdings nicht darum, unsere eigene Macht - und damit das Spiel des Ego - zu stärken, sondern vielmehr um eine wirkliche Hingabe an etwas, was über uns hinausgeht, um eine Lockerung unseres Willens zur Kontrolle, damit wir uns für neue Erfahrungen öffnen.

Diese Reisen in die Welt der Imagination helfen uns nämlich dabei, den engen Blickwinkel unseres kleinen Lebens aufzugeben. Sie öffnen uns den Blick für eine umfassendere Sicht des Universums und lassen uns deutlich spüren, daß wir unausweichlich ein Teil dieser Bewegung sind. Dieses Gefühl der Zugehörigkeit macht uns offener und stärkt unser Vertrauen.

Anstatt, daß wir also vor der Wirklichkeit in unsere Träume und Phantasievorstellungen fliehen, reisen wir bewußt durch diese Wellen, regenerieren uns dabei und tauchen dann wieder voll frischer Energie für den Alltag daraus auf.

Die Entspannung

Manchmal fühlen wir uns vollkommen überlastet durch unsere Tätigkeiten und all die Gedanken, die uns durch den Kopf gehen. Wir sind dann voller innerer Spannung, gereizt und verwirrt; wir können nicht mehr tatkräftig handeln oder uns gerecht unserer Umwelt gegenüber verhalten. Dieses Übermaß an Gedanken und an nervöser Energie treibt uns immer weiter voran, so daß wir nicht mehr im Hier und Jetzt leben.

Die hier beschriebene Entspannungsübung wirkt wie eine Erfrischung, die du entweder nach Abschluß einer Arbeit oder vor dem Übergang zu einer anderen Tätigkeit einlegen kannst.

Nimm dir je nach dem, wieviel Zeit dir zur Verfügung steht, zehn bis dreißig Minuten, um dich in dein bioenergetisches Feld zurückzuziehen und dieses Zuviel an Spannung abzubauen. Du hast dabei den Eindruck, in einen Fluß zu springen, um den Staub loszuwerden, der auf deiner Haut klebt.

- Lege dich auf den Rücken und schließe die Augen. Die Arme liegen entlang des Körpers, oder die Hände ruhen auf der Brust.
- Konzentriere dich leicht auf das Dritte Auge und verlagere deine gesamte Konzentration auf die Atmung.
- Atme ganz natürlich im Bauch oder im oberen Brustbereich. Beobachte dein Atmen, ohne darauf einzuwirken, es läuft ganz von selbst, ohne dich ab. Mache dir seinen Rhythmus bewußt, das Aufsteigen der Luft beim Einatmen, das Leeren der Brust beim Ausatmen.

Jedes Einatmen bringt dir Frische und Ruhe. Jedes Ausatmen befreit dich von Spannungen und Unmäßigkeiten.

- Schwinge dich auf diesen Rhythmus ein, so als würdest du einer ganz sanften Melodie zuhören.
- Konzentriere dich weiterhin auf dein Drittes Auge und visualisiere, um dir die Arbeit zu erleichtern, einen See, einen Strand oder Wellen, die in einem stetigen Rhythmus kommen und gehen.
- Wenn die von dir festgesetzte Zeit vorbei ist, öffne wieder die Augen und bewege leicht Arme

und Beine. Manchmal wirst du verwundert sein, dich dort vorzufinden, wo du gerade bist.

Du tauchst aus dieser Entspannung erfrischt und lebendig auf und bist nun bereit, etwas Neues zu beginnen.

Einen Ort der Regeneration schaffen

Mit der folgenden Übung kannst du ganz konkret die Wirkung bestimmter Visualisationen auf dein Energiefeld feststellen.

Bitte einen Freund, beide Arme auszustrecken und dabei mit geschlossenen Augen eine Situation aus seinem Leben zu visualisieren, wo er sich besonders wohl gefühlt hat. Laß ihm genügend Zeit, sich alles wieder ins Gedächtnis zu rufen und versuche dann, seine Arme kräftig in Richtung Boden zu drücken.

Du wirst feststellen, wie schwierig es ist, seine Arme zum Sinken zu bringen.

Mache nun den gleichen Versuch, während dein Freund eine Situation aus seinem Leben visualisiert, die besonders schwierig zu bewältigen war.

Diesmal wird es dir nicht schwerfallen, seine Arme herunterzudrücken.

Dieser Versuch zeigt, daß die positiven Visualisationen uns Kraft und Energie zurückgeben können.

Wenn du mit diesem Phänomen nutzbringend arbeiten willst, kannst du dir in Gedanken einen Ort errichten, wie du ihn dir erträumst und wohin du dich stets zurückziehen kannst, um deine Batterien wieder aufzuladen.

- Setze dich in den Lotus- oder Halblotussitz, mache einen OM-Gruß und schließe die Augen.
- Mache ein paar natürliche Bauchatmungen.
- Sobald du dich nun in deiner Mitte fühlst, stelle dir einen wunderbaren Ort vor, an dem du dein Traumhaus baust. Visualisiere das Haus und seine Umgebung. Laß deiner Vorstellungskraft freien Lauf, denn hier ist alles möglich. Es gibt keine Normen mehr. Visualisiere die Formen, die Farben, und empfinde innerlich die Freude bei der Idee, hier zu wohnen.
- Strecke dich nun in deinem

Meditationsraum aus, lege die Hände auf den Buch und visualisiere ich in dieser gleichen Körperhaltung an deinen imaginären Ort, den du so sehr magst, weil er genau deiner Vorstellung entspricht. Hier gibt es keine Gefahr für dich, denn es befinden sich hier nur Wesen, Tiere, Dinge und Formen in der Natur, die nach deinem Wunsch an diesen Ort gelangt sind.
- Sobald du dich ausgeruht fühlst, bewege wieder sanft deine Glieder, setze dich auf und mache einen OM-Gruß.

Du kannst diese Übung natürlich auch an einen Ort verlegen, der wirklich existiert und an dem du dich besonders wohl gefühlt hast. Du bist von dort mit einem Gefühl der Regeneration und energetischen Erneuerung fortgegangen.

Rendevouz im All

Die nun beschriebene, sehr schöne Technik ist für Paare bestimmt, die miteinander in großer, gefühlsmäßiger Übereinstimmung leben und die den Wunsch haben, sich psychisch in Zeit und Raum wiederzufinden, wenn sie für einige Zeit physisch getrennt sind.

Dies hat nichts mit Telepathie zu tun, einer Kommunikationstechnik auf Gedankenbasis. Man könnte diese Technik eher "Tele-Gefühl" nennen, da die Kommunikation über die Gefühle stattfindet.

Ob sie gelingt, hängt hauptsächlich von der Gefühlsklarheit im Herzen des einzelnen ab, von der Kraft, die die beiden Wesen miteinander verbindet, und von ihrer Visualisationsfähigkeit.
- Legt gemeinsam Datum und Uhrzeit dieser Begegnung fest, und einigt euch genau auf die Stelle, von wo aus jeder das Rendezvous visualisieren wird.
- Setzt euch zum festgelegten Zeitpunkt an die besagte Stelle, macht einen OM-Gruß und be-

ginnt mit einigen Alpha-Atmungen. Wenn ihr spürt, daß ihr wirklich im Hier und Jetzt seid, visualisiert sehr genau den Ort, wo der andere sich befindet und visualisiert euren Partner an dieser Stelle.

- Wenn das visualisierte Bild klar ist, verbindet euch mit dem anderen gefühlsmäßig im Herzen und schickt dieses Gefühl durch euren Körper vom Kopf bis zu den Fußsohlen.

- Wenn ihr von diesem Gefühl ganz erfüllt seid, sagt ihm innerlich, was es für euch erspüren möchte. Der ganze Körper muß an diesem Fest der Vereinigung teilhaben.

- Verschließt jetzt diese Liebesenergie in einer Lichtkugel und sendet sie durchs Weltall genau an die Stelle, wo sich der andere befindet.

- Bleibt dort, leer von Gedanken, sitzen mit dem anderen und seid offen dafür, seine Nachricht zu empfangen. Bleibt so mindestens zwanzig Minuten oder auch länger sitzen, wenn ihr eine sehr intensive Erfahrung macht.

- Beendet diese Übung mit einem OM-Gruß.

Bauen mit der Imagination

Ein befreundeter Künstler arbeitet mit Kindern, um deren visuelle Vorstellungskraft auszubilden. Eines Tages führte er sie in einen Park und ließ sie dort einen imaginären Vergnügungspark bauen. Eines der Kinder stellte ein Riesenrad auf die linke Parkseite und beschrieb ganz genau, wie es dieses sah. Jedes Kind konnte es ebenfalls sehen. Ein anderes Kind stellte ein Karussell mitten in den Park und beschrieb es.

Alle Kinder waren ganz begeistert bei der Sache und setzten ihre eigenen Ideen um. Am Ende des Nachmittags betrachteten sie voller Begeisterung das, was sie erschaffen hatten.

Eine Woche danach führte mein Freund die Kinder hoch oben auf einen Wolkenkratzer, um ihnen die Stadt von oben zu zeigen und eine andere Sicht der Welt zu geben. Plötzlich zeigte eines der Kinder in eine bestimmte Richtung und meinte: “Schaut mal, unser Vergnügungspark! Wie toll er von hier aussieht!” Und alle stimmten dem zu.

Diese Geschichte zeigt, daß alles, was wir visualisieren, in unserem Gedächtnis aufgezeichnet bleibt. Als menschliche Wesen haben wir alle die Fähigkeit zu visualisieren. Außer der Tatsache, daß diese Arbeit uns auf einfacher, visueller Ebene einigen Nutzen bringt, können wir diese Fähigkeit auch für ganz konkrete Zwecke anwenden, wie zum Beispiel im Bereich der Mnemotechnik oder zur Bereicherung unseres alltäglichen Lebens. Wir können damit unsere Stimmungen verändern, da eine andere Welt um uns herum entsteht.

Du kannst zum Beispiel eine imaginäre Pyramide bauen, die in der Lage ist, dich zu regenerieren. Sie umgibt den Sessel, in dem du dich abends nach der Arbeit ausruhst, und du wirst dich wundern, wie stark dieser Regenerationseffekt ist! Du kannst auch einen imanginären Wecker erfinden, der zu einer bestimmten Zeit am Morgen läutet, um dich zu wecken.

Wenn du etwas Wichtiges nicht vergessen darfst, so hänge eine imaginäre Fahne neben den Spiegel im Bad; sie wird dich am nächsten Morgen an alles erinnern.

Nimm dir vor jeder Visualisation Zeit, ein paar Alpha-Atmungen zu machen (etwa fünf Minuten lang), um so die Wirkung der visuellen Projektionen zu vertiefen.

Projektion von geometrischen Formen in Zeit und Raum

Diese Technik, die du während deiner täglichen Fahrten oder bei größeren Reisen ausprobieren kannst, ist nichts anderes als eine Projektion in Zeit und Raum, die mittels der Visualisation von geometrischen Formen durchgeführt wird.

Diese Übung erweitert unsere Wahrnehmung von Zeit und Raum, in denen wir uns bewegen, und läßt uns während unserer Reisen gegenwärtiger werden (haben wir doch oft die Tendenz, diese als "verlorene Zeit" anzusehen).

Zunächst mußt du unter den folgenden drei geometrischen Formen eine auswählen:

Diese Form wird nun während der ganzen Reise dein Bezugspunkt sein.

Zeichne dafür jede Form in Schwarz auf einen weißen Karton und schaue sie hintereinander jeweils fünf Minuten lang an, ohne dabei mit den Augen zu zwinkern.

Schließe dann die Augen und versuche im Geiste, sie weiß auf schwarz wiederzugeben. Wiederhole dies für jede der drei Figuren und diejenige, deren Visualisation dir am leichtesten fällt, ist deine Form.

Bevor du nun auf Reisen gehst, projiziere diese Figur beim Gehen auf den Boden. Dies ist der Punkt A. Setze dich dann hin und projiziere sie mit geschlossenen Augen an deinen Zielort. Dies ist der Punkt B.

Kennst du bereits den Weg, den du auf deiner Fahrt zurücklegen wirst, so visualisiere ihn mit möglichst vielen Einzelheiten. Gehe bis zum Punkt B und komme wieder zu A zurück, wobei du nun noch gefühlsmäßige Qualität dieser Fahrt gibst, die du am Ende empfinden möchtest.

Fährst du nun weg, so behalte deine geometrische Form immer vor Augen, und wenn du am Punkt B ankommst, so wirst du diese Form um dich herum wahrnehmen. Solltest du nichts entdecken, was dich an sie erinnert, so zeichne sie beim Gehen auf den Boden. Wenn du wieder zu Punkt A zurückgekehrt bist, findest du auch die projizierte Form oder du zeichnest sie nach.

Gehst du auf Reisen, ohne den Weg bzw. das genaue Ziel zu kennen, so machst du dasselbe.

Diesmal visualisierst du aber keine Einzelheiten der Wegstrekke, sondern sendest deine geometrische Form in die Richtung aus, in der dein Ziel liegt. Damit verbindest du den Wunsch, heil und gesund dort anzukommen und deine Figur dort wieder anzutreffen.

Du kannst auch eine Straßenkarte nehmen und die wichtigsten Orte, die auf deiner Strecke liegen, mit geraden Linien miteinander verbinden. Dabei erhältst du eine gemischte geometrische Form.

Schließe nun die Augen und rekonstruiere im Geiste diese

Form. Erinnere dich während der Fahrt daran, und du hast den Eindruck, auf mehreren Existenzebenen gleichzeitig zu sein, nämlich in der Gegenwart (da, wo du gerade bist), in der Vergangenheit (da, wo du weggefahren bist) und in der Zukunft (da, wo du hinfährst).

Vielleicht triffst du dich selbst bei der Hinfahrt, wenn du schon auf der Heimreise bist, oder bei der Rückfahrt, wenn du gerade deine Reise antrittst.

Mit dieser Technik kannst du all deine Bewegungen im Raum spüren und dich sehr gut an sämtliche Einzelheiten deiner Reise erinnern.

Kraft tanken mit einer Pyramide

Die alten Ägypter bedienten sich vierseitiger Pyramiden als Grabkammern für ihre Toten.

Diese Bauwerke beruhen auf einer sehr präzisen Kanalisierung von Energie und können daher mit energetischen Kräften aufladen, durch Austrocknen konservieren und Fäulnisprozesse verhindern.

Manchmal werden sie auch von Gärtnern benutzt, die vier Holzlatten in Pyramidenform um gewisse Pflanzen errichten, damit sich diese wieder regenerieren.

Diese Struktur kann natürlich auch für uns sehr positiv sein. Du kannst zum Beispiel eine solche vierseitige Pyramide nachbauen, in deinem Meditationsraum aufhängen und dich zur Regeneration unter sie setzen.

Du kannst dich auch zwanzig Minuten lang darunter ausstrekken und dies fünf Tage lang wiederholen, damit du gewisse Wirkungen spürst. Du kannst außerdem eine kleinere Pyramide zur Konservierung von Früchten oder zur Regeneration von Pflanzen verwenden.

7
VIPASSANA

Das letzte Kapitel dieses Buches ist einer Form der Meditation gewidmet, die das Ziel hat, dem Meditierenden sein inneres Wesen zu erschließen.

Vipassana ist keine Meditationstechnik im eigentlichen Sinne, denn im Gegensatz zu all dem, was bisher beschrieben wurde, gibt es hierbei weder Objekt noch Subjekt. Das einzige Ziel, wenn man überhaupt davon sprechen kann, besteht darin, uns zu heiterer Ausgeglichenheit und Ruhe zu führen. Es ist auch nicht möglich, einfach so, ganz unvorbereitet, in diese Meditation einzutreten. Wir müssen vorher unseren Körper von seinen Giften gereinigt und unsere Psyche von alten Wunden geheilt haben - und dies mittels der Techniken, von denen es gegenwärtig ja auch im Westen eine große Auswahl gibt.

Wenn wir dann unsere persönliche Geschichte entschlüsselt, verstanden und voll akzeptiert haben, wenn wir in der Lage sind, zu lachen und zu lieben, dann können wir die Absicht haben, in einen "meditativen Zustand" treten zu wollen.

Es ist natürlich klar, daß jeder von uns sich mit mehr oder minder geradem Rücken hinsetzen, die Beine mehr oder minder kreuzen und kürzer oder länger in einer solchen Körperhaltung verweilen kann, aber damit meditiert er noch lange nicht. Gewiß können wir eine Art von inneren Frieden erreichen, der aber eher unseren Geist in seinem Kampf gegen die Aufdeckung seiner Mechanismen noch stärkt. Er will nicht sterben. Über kurz oder lang ist seine Niederlage jedoch nicht mehr zu verhindern, denn alle Energie, die er einsetzt, um das Aufsteigen von Emotionen und Gedanken zu unterdrücken, wird genau in der gegenteiligen Richtung arbeiten.

Eine Meditation unter solchen Bedingungen ist kein Weg zur Befreiung, sondern wir bleiben der ständigen Abhängigkeit von unserem Ego unterworfen. Natürlich können wir Jahre hindurch "Meditationen machen", aber dies befreit uns letztlich weder von unserem verstandesmäßigen Denken, noch von unserer Subjektivität, von dem, was uns anzieht oder abstößt, von unseren Wünschen und unseren Ängsten. Wir sind immer noch damit beschäftigt, etwas zu "tun". VIPASSANA verlangt keine besondere Disziplin und bezieht sich nicht auf die Dualität zwischen dem Objekt der Konzentration und dem Subjekt, das sich auf dieses Objekt konzentriert.

In der Tat verschwindet derjenige, der meditiert: Was außen ist, ist innen, und was innen ist, ist außen. Das Bewußtsein ist also nicht dual, hat keinen besonderen Gehalt, es spiegelt einfach das wieder, was ist. Es gibt keinen mehr, der fragt, sucht, sich erinnert, plant, vergleicht. Keinen mehr, der den Wunsch nach einer transzendenten Erfahrung hat. Ist auch der letzte Wunsch verschwunden, befindet sich der Meditierende in einem Zustand des Loslassens. Er ist Hier und Jetzt. In einem solchen Zustand ist "Satori" möglich. Man könnte diesen Zustand beschreiben als " intuitives Eindringen in die Natur der Wirklichkeit unter Ausschluß von Worten und sensorischen Reaktionen".

Es ist natürlich klar, daß am Anfang, wenn wir uns regelmäßig zur schweigenden Meditation hinsetzen, noch viele Bilder, Gedanken und Emotionen in uns hochkommen. Wir müssen sie nur wahrnehmen und sie dann wieder ziehen lassen, ohne sie umwandeln zu wollen. Nach und nach fügen sich Augenblicke der Stille, des reinen Raumes und der Transparenz ein. Nach und nach wird dieser Zustand ganz natürlich, und wir können ihn ständig erleben.

Äußerlich gesehen, machen wir immer noch die gleichen Dinge, gehen wir immer noch den gleichen Aufgaben nach, nur innerlich haben wir uns verändert.

Wir sind außergewöhnlich gewöhnlich und zu Herren unseres kleinen Lebens und zu Dienern des großen Lebens geworden.

Vipassana

Sitze im Lotus- oder Halblotussitz oder auch mit ausgestreckten Beinen. Dein Rücken muß gerade sein, die Augen sind geschlossen oder mit einer Binde verdeckt, und der Mund ist halboffen. In dieser Haltung bleibst du etwa vierzig Minuten schweigend sitzen.

Beobachte dabei, was in deinem Geist, in deinen Gedanken, in deinen Gefühlen abläuft, ohne dies zu beurteilen oder verändern zu wollen.

Sollte der Ansturm von Gedanken und Gefühlen dich stören, so konzentriere dich auf dein Atmen. Werde dir seines Rhythmus bewußt, ohne ihn beeinflussen zu wollen, zähle deine Atemzüge beim Ein- und Ausatmen. Unsere Meditationsgruppen dauern drei Tage, ohne daß wir reden, lesen, schreiben, ohne den anderen in die Augen zu schauen und ohne jemanden zu berühren. Alles ist so angelegt, daß sich die Teilnehmer in einer Umgebung aus Respekt und Liebe befinden. Dies schafft den idealen Rahmen dafür, daß jeder Zeuge seiner Innenwelt werden und sich dabei selbst begegnen kann.

Am ersten Tag ist der Geist noch sehr unruhig und reagiert heftig auf das Schweigen. Er fühlt sich im Stich gelassen und akzeptiert die Idee des Nicht-Handelns nicht. Doch nach drei Tagen kehren die Teilnehmer wieder in ihr Alltagsleben zurück mit dem Eindruck, sich innerlich erneuert und einige ihrer unbewußten Verhaltensweisen aufgeklärt zu haben. Es ist schwierig, die Schönheit dieser Gruppe mit Worten auszudrücken. Im Laufe der Tage beginnt eine kraftvolle Energie zwischen den Teilnehmern zu fließen. Das Schweigen, das diese Energie überträgt, ermöglicht jeder Person den Liebesakt, Zeuge ihrer Fähigkeit zu werden, sich selbst lieben zu können. Die Stärke der Gruppe hängt ganz von dieser Kraft der Stille ab.

Lebe in der Welt mit all ihrer Absurdität, mit all ihrer Dummheit, mit all ihrem Lärm, aber bleibe losgelöst davon. Sei in der Welt, aber sei nicht von dieser Welt. Laß das Leben um dich herum geschehen. Du brauchst nicht zu fliehen, denn du kannst nirgendwo hingehen. Doch selbst dann, wenn du dir selbst entrinnen könntest, würde dies dein Wesen nicht verändern, da dein Geist immer derselbe bleibt.
Am besten siehst du die Welt als eine außerordentliche Gelegenheit an, als ein sehr kostbares Geschenk der Götter und als ein ideales Mittel zum Lernen. Die Welt ist "eine Fabel, die ein Idiot erzählt, voller Lärm und Aggression, doch ohne jede Bedeutung". Aber man fällt leicht darauf rein, denn der Idiot ist nicht nur außen, sondern auch im Innern. Unser Geist ist Teil der Fabel, die dieser Idiot erzählt. Er würde gern in allem einen Sinn finden, doch gibt es einen solchen in der Wirklichkeit nicht. Den Sinn gibt es allein im Herzen deines Wesens. Die Welt selbst ist nur Lärm, und dort gibt es keine sanfte Musik. Diese Musik gibt es aber tief in deinem Innern, und du mußt sie unter allen Geräuschen dieser Welt heraushören. In diesem Augenblick tritt dieser Lärm in den Hintergrund, und gerade durch ihn kannst du deine innere Musik klarer hören. Der Lärm der Welt wird dich nun nicht mehr stören, sondern sogar zu einer Hilfe für dich werden.

Die erste Statue, die wir aus Ton formen, stellt das Bild dar, das wir der Welt von uns geben oder ihr zeigen möchten.
Die zweite Statue, die bleibt, nachdem die erste verschwunden ist, symbolisiert das, was unserer Meinung nach in uns ist, ohne daß wir dies zeigen.
Der Rauch stellt etwas für uns sehr Wertvolles dar, einen Teil von uns selbst, den wir durch unsere Erziehung oder auf andere Weise verloren oder vergessen haben und den wir jetzt wiederfinden.

Chris Foster

Wind über den Wellen

Liebe und Leben, Karma und Schicksal, verwoben in das feine Netz subtiler Energie, das alles Lebendige miteinander verbindet

Dieses Buch berührt das Herz wie ein wärmender, liebevoller Lichtstrahl. Liebe verbindet alle Wesen und Erscheinungen. Sie ist eine Macht, stärker als alles Unglück, alle Angst oder Einsamkeit. Und sie besitzt die Kraft zu verwandeln. Die Geschichte: vier Lebenswege, die nur scheinbar zufällig zusammengeführt werden - und ein verbindendes Netz von Energien ist ins Leben gerufen. Ein Wal, ein zweitausend Jahre alter Redwood Baum, ein Mann und eine Frau. Eine ergreifende, spirituelle Liebesgeschichte.

144 Seiten, DM/SFr 16,80
ÖS 131,00 ISBN 3-89385-105-4

Alexander Gosztonyi

Das Vaterunser

Die Entwicklung des Menschen im Lichte des Evangeliums

Das Buch von Alexander Gosztonyi vermittelt tiefe Einsichten in die wirk-liche Bedeutung des Evangeliums, der Lehre des Jesus von Nazareth. Dazu ist es notwendig, die orthodoxe kirchliche Lehre von ihrem materiell gebundenen Denken und von ihrem formalen Verständnis zu befreien, um den Wesenskern freizulegen. So wirkt dieses Buch erfrischend in seiner, von gängiger christlicher Moral befreiten, faszinierenden Klarheit und wird all jenen entgegenkommen, die einen neuen Zugang zum Evangelium und der ursprünglichen christlichen Lehre suchen.
Eine Ermutigung, auf ein Bewußtsein der Liebe zuzugehen, in der Gewißheit, von geistigen Führern begleitet zu sein.

384 Seiten, DM/SFr 24,80
ÖS 194,00 ISBN 3-89385-216-6

Walter Lübeck

Die Chakra-Energie-Karten

Heilende Worte für Körper, Geist und Seele. Besonders geeignet für die Verwendung im Zusammenhang mit Aromatherapie, Bachblüten, Heilsteinen und Reiki

Die Chakra-Energie-Karten sind heilende Worte für Körper, Geist und Seele. Das Set enthält 126 Karten mit Affirmationen und ein Anleitungsbuch. Zu jeder Affirmation ist mindestens ein Hinweis auf einen besonderen Heilstein, eine passende Duftessenz und eine Bachblüte gegeben. Die Verwendung der farbenvollen Karten im Zusammenhang mit Aroma- und Bachblütentherapie, Edelstein-Anwendungen und Reiki ist ausführlich beschrieben. Die Karten unterstützen jede Form von spiritueller Heilungsarbeit.

Set mit 156 Karten und 128seitigem Buch, DM/SFr 49,80 ÖS 389 ISBN 3-89385-116-X

Jamie Sams • David Carsons

Karten der Kraft

Ein schamanisches Einweihungsspiel in den „Pfad der Tiere“. Mit Karten, Legetechniken und Interpretations-Handbuch.

In der indianischen Tradition war es der Ältestenrat, der Führung und Einweihung gab. Die Karten der Kraft können diese Rolle übernehmen, sie können uns zu jeder Frage Rat geben. Es sind indianische Heilungskarten, die uns auf den Medizin-Weg führen. Wenn wir bestimmte Eigenschaften benötigen, können wir die Kraft des Tieres anrufen, den Großen Geist darum bitten, teilzuhaben an der vollkommenen Harmonie und der Kraft, die das innerste Wesen dieses Geschöpfes ausmacht. Und wir werden Heilsbotschaften erhalten, für die Heilung des Körpers, des Denkens und des Geistes.

240 Seiten, 44 Karten, DM/SFr 49,80/ÖS 389,00 ISBN 3-89385-037-6

Walter Lübeck

Das Aura-Heilbuch

Die Aura lesen und deuten lernen. Energiefelder farbig sehen und zur ganzheitlichen Heilung einsetzen

Jeder Mensch hat eine Aura, eine Art farbiges Energiefeld, das seinen Körper umgibt und seinen augenblicklichen Gesamtzustand widerspiegelt. Gefühle, Schmerz, Liebe oder Leid und gesundheitliche Störungen verändern die Aura und geben dem, der sie zu „lesen" versteht, wichtige Aufschlüsse über seine Mitmenschen und die Möglichkeiten der Heilung oder der positiven Einwirkung.
Walter Lübecks Buch ist eine Schritt-für-Schritt-Anleitung, die den Leser über die Sensibilisierung für feinstoffliche Schwingungen zum Aurasehen führt.

288 Seiten, DM/SFr 24,80
ÖS 194,00 ISBN 3-89385-082-1

Ferry Lackner

Das Licht der Engel

Ein "himmlisches" Einweihungsspiel und praktischer Leitfaden für die Begegnung mit Engeln und Schutzengeln

Das Licht der Engel ist ein praktischer Leitfaden für die Begegnung mit den Engeln. Die Engel-Karten ermöglichen eine spielerisch leichte Verbindung zu dem Schutzengel einer gegebenen Situation. So kann man sich über eine entsprechende Meditation mit Hilfe der Affirmations-Karten göttliche Inspiration und Eingebung erschließen. Die Zuordnung der Engel zu den verschiedenen Chakren und Lichtstrahlungen, ein genau strukturiertes Arbeitsprogramm, Anleitungen zur Bildmeditation und zum persönlichen Lebensbaum usw. erleichtern die praktische Verwirklichung der Engel-Energien im Alltag.

Set mit 78 Karten und
128seitigem Buch, DM/SFr 49,80
ÖS 389,00 ISBN 3-89385-114-3

Péter Müller

Schlange und Kreuz

Ins Leben zurückgekehrt – Die authentische Schilderung eines Lebens zwischen den Welten

Es passierte während des 56er Aufstandes. Von mehreren Kugeln getroffen wechselte Péter Müller in eine andere Welt. Er hatte schon viel über die Nachtodwelt gehört und gelesen – aber nun war es doch ganz anders. Alles was so real. Er existierte ohne Körper, dachte ohne Körper – mit einem Unterscheid, da war kein Schmerz mehr, kein Kampf, kein Leid. Über seinem Körper schwebend, in seine leeren, weit aufgerissenen Augen blickend – fühlte er, daß er lebte – in einer Welt lebte, die er nicht sehen konnte, solange er noch Augen zum Sehen besaß...
Der Beginn einer faszinierenden Geschichte.

352 Seiten, DM/SFr 29,80
ÖS 233,00 ISBN 3-89385-134-8

Larry Moen

Meditationen zur Heilung

Die energetisierende Kraft wirkungsvoller Meditationen für die Reise nach innen – zu den Kraftzentren des großen inneren Heilers. Vermittelt von einigen der besten Meditationslehrer und Heiler der Welt.

»Meditationen zur Heilung« entfaltet unsere Selbstheilungskräfte auf vielen Ebenen durch heilende Visionen. Die Meditationen in diesem Buch heilen den Menschen, verändern sein Leben, wirken über das Bewußtsein in das Unterbewußtsein, öffnen die Herzensenergie und berühren den Körper.
Diese geführten Meditationen aktivieren auf sanfte, aufbauende Weise, lenken Gedanken bewußt in heilsame Schwingungsfelder und beenden oder transformieren überlebte Reaktionsmuster.

288 Seiten, DM/sFr 24,80
ÖS 194,00 ISBN 3-89385-123-2

Walter Lübeck

Handbuch des spirituellen NLP

Geistige Brücken, die Herz und Verstand auf harmonische Weise verbinden und eine neue Lebendigkeit bewirken

Spirituelles NLP ist die gelungene Kombination von verschiedenen bewährten therapeutischen Modellen zu einem Kurzzeit-Therapie-Programm auf spiritueller Basis: die Förderung von Liebe, Bewußtsein und Eigenverantwortung – eine konsequente Weiterentwicklung bewährter Methoden, um essentielle Aufgaben zu bewältigen und große Lebensziele zu erreichen – durch Einbeziehung des Inneren Kindes und des Höheren Selbst. Spirituelles NLP berücksichtigt im besonderen spirituelle Erkenntnisse über Sinn und Struktur der menschlichen Existenz.

256 Seiten, DM/SFr 24,80
ÖS 194,00 ISBN 3-89385-124-0

Rosita Arvigo und Michael Balick

Die Medizin des Regenwaldes

**Heilkraft der Maya-Medizin
Die 100 heilenden Kräuter von Belize**

Noch heute gibt es im tropischen Regenwald Schamanen, die das alte Wissen um die Maya-Medizin und deren tiefe Weisheit hüten und weitergeben. Der Regenwald birgt unvorstellbar große Schätze einer verborgenen, heilkräftigen Pflanzenwelt.
Der Regenwald ist eine Heilstoffquelle – und eines der letzten ursprünglichen "Naturreservate", die es auf diesem Planeten noch gibt. Die Ethnobotaniker Dr. Rosita Arvigo und Dr. med. Michael J. Balick widmen sich ganz der Erhaltung und der Verwendung dieses traditionellen Wissens – und des Regenwaldes, aus dem es stammt.

240 Seiten, DM/SFr 24,80
ÖS 194,00 ISBN 3-89385-137-2

Walter Lübeck

Rainbow-Reiki

Alte und neue Techniken zur Erweiterung des Reiki-Systems um kraftvolle spirituelle Fähigkeiten

Rainbow-Reiki ist ein erprobtes System komplexer Energiearbeit. Grundlage von Rainbow-Reiki, einer gelungenen Kombination alter und neuer Methoden, ist das Usui-System des Reiki.
Rainbow-Reiki erweitert das Usui-Reiki-System um hochwirksame Techniken der Energiearbeit und gibt Möglichkeiten zur direkten Zusammenarbeit mit feinstofflichen Wesen beziehungsweise Lehrern. Die Herstellung von Reiki-Essenzen ist ebenso Teil des Systems wie geführte Aura- und Chakra-Arbeit, der Umgang mit Kraftplätzen, auch die Schaffung neuer eigener Kraftplätze mittels Reiki-Mandalas gehört dazu.

240 Seiten, DM/SFr 24,80
ÖS 194,00 ISBN 3-89385-125-9

Roland Stenglin

Reiki – Energie und Weg

Eine umfassende und fundierte Einführung in Theorie und Praxis der universalen Lebensenergie

Mit der Popularität von Reiki steigt auch die Nachfrage nach möglichst sachlicher und umfassender Information. Roland Stenglin legt hier allgemeinverständlich dar, was Reiki ist, wie Reiki funktioniert und was Reiki bewirken kann.
Er beschreibt die Phänomene des Reiki-Systems mit beinahe wissenschaftlicher Genauigkeit und Folgerichtigkeit – und hat damit ein sehr wichtiges Buch zu diesem Thema geschaffen. Vergleichende Bilder wie das »Resonanz-Prinzip«, »Der feinstoffliche Radar« oder »Der Körper als Meßstation« helfen, das hinter Reiki wirkende Energieprinzip zu verstehen.

176 Seiten, DM/SFr 19,80
ÖS 155,00 ISBN 3-89385-135-6

Angelika Hoefler

Namen - das ausgesprochene Geheimnis

Neue Systeme zur Entschlüsselung der esoterischen Bedeutung von Namen und Zahlen

Kabbalistik bedeutet Überlieferung, und nach der Überlieferung birgt jeder Buchstabe eine Zahl, die durch bestechend einfache Rechensysteme die esoterische Bedeutung eines Namens entschlüsselt. Die von Angelika Hoefler entwickelten Systeme sind ein Einweihungsweg in die kabbalistische Zahlenmystik. Stufe für Stufe gehen wir mit diesem Buch unserer Einweihung entgegen und es wird uns klar, wo es gilt, Zusammenhänge zu knüpfen, was uns hemmt und was uns fördert, wo unsere Pflichten und wo unsere Chancen sind.

256 Seiten, DM/SFr 24,80
ÖS 194,00 ISBN 3-89385-032-5

Angelika Hoefler

I Ging Ratgeber

Der geheimnisvolle Schlüssel zum Selbst, zum Partner und zum Leben
Leit-Linien für alle Handlungen und Wandlungen des Lebens

I Ging als Weg-Weiser, der alle Lebenspfade des Ratsuchenden kennt und ihm Leit-Linien bietet: 64 Hexagramme, die Information, Belehrung, Warnung, Ermunterung oder Rat enthalten. Erstmalig wird hier das von der Autorin entwickelte System vorgestellt, das auf einer faszinierenden Symbiose von I Ging und Zahlenkabbalistik basiert und den Leser leicht und schnell darin perfektioniert, Personen und Situationen richtig zu beurteilen, die hinter einem Geschehen wirkenden Einflüsse zu erkennen, gewünschte Erfahrungen zu forcieren, unerwünschte zu vermeiden und zu-treffende Prognosen zu erstellen.

176 Seiten, DM/SFr 19,80
ÖS 155,00 ISBN 3-89385-013-9